吉林省社会科学基金项目"移动互联网时代青少年手机游戏沉迷问题研究"（2019B119）的阶段性研究成果

青少年
手机游戏沉迷问题研究

孙崇勇　李淑莲◎著

经济管理出版社
ECONOMY & MANAGEMENT PUBLISHING HOUSE

图书在版编目（CIP）数据

青少年手机游戏沉迷问题研究/孙崇勇，李淑莲著.—北京：经济管理出版社，2024.5
ISBN 978-7-5096-9719-1

Ⅰ.①青… Ⅱ.①孙… ②李… Ⅲ.①网络游戏—影响—青少年—研究 Ⅳ.①C913.5

中国国家版本馆 CIP 数据核字（2024）第 109575 号

组稿编辑：谢　妙
责任编辑：谢　妙
责任印制：许　艳
责任校对：张晓燕

出版发行：经济管理出版社
　　　　　（北京市海淀区北蜂窝 8 号中雅大厦 A 座 11 层　100038）
网　　址：www.E-mp.com.cn
电　　话：(010) 51915602
印　　刷：唐山玺诚印务有限公司
经　　销：新华书店
开　　本：720mm×1000mm/16
印　　张：10.5
字　　数：183 千字
版　　次：2024 年 6 月第 1 版　　2024 年 6 月第 1 次印刷
书　　号：ISBN 978-7-5096-9719-1
定　　价：68.00 元

前　言

　　本书以教育学、心理学、社会学、传播学等学科为视角，聚焦青少年群体手机游戏沉迷问题；并针对以往理论研究居多、实证研究较少、研究视角较为单一的局限性，围绕青少年手机游戏沉迷的形成机制问题开展了多项实证研究。本书建构了青少年群体手机游戏沉迷问题的新理论框架，对已有网络成瘾、网络游戏成瘾理论研究做了进一步的拓展与丰富，在理论领域与研究领域具有一定的创新性。

　　本书具体包括以下六章：

　　第一章为绪论，即梳理国内外研究手机游戏沉迷的相关文献，以了解研究现状，并进行述评。

　　第二章为手机游戏沉迷问题的理论概述，即辨析一些基本概念，并探讨其测量与诊断标准，以及阐述与本研究相关的理论基础。

　　第三章为青少年手机游戏沉迷问题的实证研究，即选取较大样本量，采用问卷调查的方法探讨青少年自尊、社会支持、自我控制、一般自我效能感等变量与手机游戏沉迷的关系及其影响的心理机制。

　　第四章为手机游戏的两面性，即探讨其积极作用与消极作用，初步提出与社会主义精神文明相符的健康、正确的手机游戏休闲观。

　　第五章为青少年手机游戏沉迷的形成因素，即分别从内外、主客观等维度探讨造成青少年手机游戏沉迷的形成因素。

　　第六章为青少年手机游戏沉迷的应对策略，即借鉴相关学科的理论，以调查研究结果为基础，提出应对青少年手机游戏沉迷的基本原则与具体策略。

　　本书具有以下特色：

一是内容较新。在近些年网络成瘾、网络游戏成瘾、手机成瘾、手机游戏成瘾研究的基础上，增添了手机游戏沉迷研究的新内容。

二是理论与实证相结合。除概述手机游戏沉迷的最新研究进展外，还介绍了笔者研究团队所做的四项调查研究，使理论阐述与实证研究相辅相成、相得益彰。

三是提出了手机游戏问题研究的新视角。我们既要看到手机游戏的消极作用并采取预防措施，也要看到其积极作用并加以正确引导。

本书是笔者承担的吉林省社会科学基金项目"移动互联网时代青少年手机游戏沉迷问题研究"（项目编号：2019B119）的阶段性成果。同时，本书获得吉林师范大学学术著作出版基金的资助。在本书写作过程中，我们吸收了国内外学者同仁的研究成果，在此谨向这些作者表达诚挚的谢意；同时衷心感谢经济管理出版社相关工作人员的辛勤劳动，使本书早日付梓并为它增光添色。

由于主客观条件所限，书中难免存在不足之处甚至错误，在此恳请各位读者和同行专家批评指正。

笔者

2023 年 11 月

于吉林师范大学

目　录

第一章　绪　论

第一节　研究背景与意义

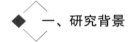

一、研究背景

随着我国移动互联网的高速发展，智能手机逐渐成为日常生活中最为重要的通信工具之一。手机普及率不断提升以及受众人群进一步拓广，使我国手机用户迅速增长。现代社会生活节奏逐渐加快，各种压力与日俱增，人们渴望放松自己、缓解疲劳，需要体验与之适应的娱乐方式。与此同时，快节奏的生活方式给人们带来更多碎片化的空闲时间；城市规模扩大带来的是通勤时间的增加，每天乘坐公交、地铁等公共交通工具需要占用大量的时间；对于忙于工作、生活、学习的人们来说，使用电脑的时间日益减少。在这些背景下，以往的电脑游戏正在被以手机为载体的手机游戏所取代。相比固定位置的电脑，便携方便、碎片化和易得性的手机游戏成为人们的首选，人们更愿意将这些零碎的时间用在玩手机游戏上。中国互联网络信息中心（China Internet Network Information Center，CNNIC）2020 年公布的数据显示，截至 2020 年 3 月，我国手机网络游戏用户规模达 5.29 亿，较 2018 年底增长了 7014 万人，占手机网民的 59.0%。从调查数据中可以看出，手机网络游戏的用户规模发展非常强劲，手机游戏迅速占领了日渐庞大的娱乐市场，已经成为大多数网民日常生活中不可或缺的一部分。

值得注意的是，近些年来，手机游戏群体越来越呈现低龄化的趋势。手机作为新的游戏载体，其碎片化、低门槛的游戏特征吸引了大量青少年参与其中，使手机游戏市场不断壮大。但由此也导致很多青少年出现了一些不良的症状，包括手机依赖、手机成瘾、手机游戏成瘾等。当然，这些症状的出现既存在客观因素，也存在主观因素。青少年阶段属于个体从童年期到成年期的过渡期，其自身生理和头脑快速发展，与心理和思维的发展并不同步，造成青少年情绪和个性发展的不平衡性。根据埃里克森的观点，青少年阶段是建立自我同一性的关键期，此时他们需要完成学业，克服发展带来的焦虑并获得自我认同。在此阶段，青少年自我意识高涨、神经兴奋性较强，致使他们在追求独立的过程中产生巨大的能量，而手机游戏对释放能量和消除发展的不平衡性有一定的作用。另外，在社会竞争环境下，青少年承受着较大的心理压力，于是很多青少年把手机游戏作为精神寄托和压力的发泄口，况且如今手机游戏所营造的世界越来越丰富、越来越有诱惑力，稍不注意青少年就容易深陷其中，无法自拔。

其实，对于广大青少年群体而言，真正达到成瘾标准的是少数人，大多数人处于成瘾倾向。张芝（2018）的调查表明，大学生中网络成瘾的占10.0%，网络成瘾倾向的占74.7%，网络未成瘾的占15.3%。实际上，在日常生活中，很多青少年也只是沉迷手机游戏，并没有严重到能被称为成瘾、依赖，或称为成瘾倾向的程度。所以，本书中我们拟采用"沉迷"一词来定义这一现象，用以精准描述青少年由于过度沉浸手机游戏而导致的混乱或迷失状态。手机多样化的功能为青少年提供了交流沟通及娱乐体验，手机游戏作为一种娱乐方式，能够在一定程度上舒缓青少年的身心，但是倘若因此沉迷于手机游戏，在游戏中花费大量的时间、精力与金钱，且影响到正常的学习与生活，则会给青少年带来不良的后果。基于此，青少年群体手机游戏沉迷问题应引起学术界的关注。

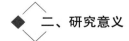 **二、研究意义**

（一）理论意义

总体来看，目前国内对手机游戏沉迷的研究多处于探索阶段，大多停留于手机游戏沉迷现象性的描述，理论研究居多，实证研究较少，研究视角较为单一。本书将从关于手机游戏的文献调查与理论概述出发，围绕青少年手机游戏沉迷的形成机制问题开展多项实证调查研究；拟深入探讨手机游戏两面性的特性，既分析其积极作用，也分析其消极作用；从手机游戏自身特点、游戏开发运营商的营销策略、社会环境（包括家庭环境、学校环境、同伴环境与社会生活环境等），以及青少年自身等方面探讨青少年手机游戏沉迷的形成因素，提出应对青少年手机游戏沉迷的原则与具体策略。本书研究以多学科为视角，包括教育学、心理学、思想政治教育学、社会学、传播学等，体现了多学科交叉融合的特点。本书聚焦青少年群体的手机游戏沉迷问题，构建了青少年群体手机游戏沉迷的新理论框架，是对已有网络成瘾、网络游戏成瘾理论研究的进一步拓展与丰富，在理论上与研究领域方面具有一定的创新性。同时，本书研究成果将对青少年手机游戏沉迷的干预与青少年的心理健康教育提供理论指导。

（二）实践价值

手机游戏作为一种高科技发展的新兴产物，具有移动便捷性、即时互动性、虚拟性及功能多样性等特点，容易引起广大青少年的极大兴趣。手机游戏就像一把"双刃剑"，一体两面：一方面，它可以极大地激发青少年的好奇心和创造力，促进青少年智力的发育；另一方面，手机游戏不可避免地会给青少年身心成长带来一定的伤害。近年来，有关青少年手机游戏沉迷与身体状况、厌学、退学及家庭关系不和谐的研究日益增加，许多青少年沉迷手机游戏难以自拔。手机游戏沉迷折射出青少年目前存在一定的心理和教育问题，并引起了社会各界的广泛关注。帮助青少年建立良好的手机使用习惯，有利于学校和家庭采取适当的方法和手段对青少年手机游戏沉迷进行干预，减少手机游戏沉迷给青少年带来的负面影响，对促进青少年的心理健康教育发挥了重要作用。因此，探讨青少年手机游戏沉迷的形成因素，有效疏导青少年手机游戏沉迷，引导青少年绿色健康上网，成为当代社会一个较为重要的问题，也是许多心理学者密切关注的问题，更是保证青少年健康成长的必要研究。总体来说，加强青少年手机游戏沉迷问题的研究，通过探讨其形成的心理机制，提出有针对性的预防与干预策略，不仅能促进青少年的学业进步与个体人格的健康发展，还有利于他们在未来的长远发展，这也突显了本研究的实践应用价值。

第二节 研究现状

目前，国内外学者分别从不同的视角对手机游戏沉迷进行了研究，主要集中在以下几个方面：一是手机游戏沉迷者的特征；二是手机游戏沉迷的原因；三是手机游戏沉迷的后果；四是手机游戏沉迷的干预策略。

 一、关于手机游戏沉迷者的特征研究

已有研究表明，手机游戏沉迷群体具有较为独有的特征。李孟甲等（2017）发现，手机游戏沉迷的大学生自我效能感显著低于其他群体。黄岳和马海林（2018）发现，手机游戏沉迷的大学生表现出更多的冲动性行为。梅松丽等（2010）和徐四华（2012）也认为，网络游戏成瘾和冲动性行为之间存在较为密切的关系。与其他群体相比，网络游戏成瘾者具有更高的冲动性水平、专注于眼前利益、对长远价值敏感性差、决策功能受损等特征。李羲（2018）发现，大学生手机游戏沉迷者具有对比明显的依赖性、不断升高的耐受性、反复的戒断反应、冷漠型人格、强迫性游戏行为等心理特征与行为特征。

二、关于手机游戏沉迷的原因研究

关于手机游戏沉迷的原因，车国燕（2019）认为，青少年手机游戏沉迷有两大因素：一是手机本身的特性；二是青少年自身发展的特点。一方面，手机体积较小，便于携带。随着当代互联网的逐渐普及，走进千家万户，各大手游公司开发了多种多样的手机 App 游戏软件，使人们可以随时随地、不分场合与时间，通过手机下载的游戏端来体验各种游戏。另一方面，手机具有即时交互性，即人们可以利用手机安装的 QQ、微信等社交软件随时与他人交流沟通，联网打游戏。手机游戏的功能也在快速更新，现在除了有单机版手机游戏以外，运营商还开发了许多联机手机游戏，使不同地区的游戏参与者可以同时参与到一种游戏中，大幅提升了游戏的趣味性、刺激性、挑战性，导致参与者更容易沉迷其中，甚至成瘾。

李羲（2018）认为，大学生手机游戏沉迷由个人、社会环境、游戏动机、游戏功能等因素引发。个人因素主要体现在性格特质上，研究表明，内向、冲动、低自尊、孤僻的个体更容易出现手机沉迷现象。严万森等（2016）的研究发现，大学新生的冲动型人格对网络成瘾具有正向预测作用。内向型性格个体的游戏动机主要是寻求安全和陪伴、打发无聊的时间、逃避现实压力、寻求更多的群体认同；特别是当情绪不佳时，可以通过游戏进行调节。何灿等（2012）的研究显示，低自尊的大学生更容易出现网络游戏成瘾现象。低自尊的个体迫切需要提升自尊、获得认同，而手机游戏可以提供这样的机会。在手机游戏中，个体可以扮演不同的角色，不断提升自己在游戏中的层级与虚拟的地位，从而获得自尊。性格孤僻的人在现实世界中交往范围较小，但同时又渴望与人交流，于是通过手机游戏在一定程度上能满足这种需求。社会环境因素主要包括家庭环境、学校环境及其他社会环境。美国心理学家班杜拉提出了模仿学习的理论。父母是子女早期的模仿对象，如果父母沉迷于手机游戏，会对子女产生潜移默化的影响。学校环境对手机游戏沉迷的影响主要来自学习压力与同伴的影响（滕国鹏和金盛华，2015）。学习压力会给青少年带来紧张与挫败感，而手机游戏则可以带来愉悦与轻松感。于是，一些意志力较为薄弱、懒惰且不愿付出艰辛努力的青少年往往选择沉迷于手机游戏。此外，在学校环境中，还容易产生群体的协同效应，即同伴的邀请与感染也容易吸引青少年进入手机游戏而不能自拔。就其他社会环境而言，如有些新闻媒体的报道对青少年沉迷手机游戏有一定的误导作用。燕道成和黄果（2013）认为，新闻报道手机游戏沉迷者以负面形象居多，甚至以"病人"形象示众，容易引发青少年群体的逆反心理。

◆ 三、关于手机游戏沉迷的后果研究

一般来说，时间在游戏中是一个非常重要的概念。一旦过度沉迷手机游戏，使用的时间过长，就会带来消极的、负面的后果。既有研究探究了德国

沉溺于手机游戏的大学生，发现他们都有较高的焦虑与抑郁分值。还有研究认为，手机游戏沉迷者对现实生活中的归属感、家庭关系的感知质量、自尊感等都会下降，同时还有孤独感、孤立感，甚至会产生对立情绪。[①] Dillman-Carpentier 等（2008）认为，手机游戏会增加青少年的抑郁，两者之间存在恶性循环。

关于网络游戏成瘾的不良后果研究较多，对于手机游戏沉迷的探讨也具有一定的参考价值。Sherry（2007）发现，网络游戏呈现的暴力会引起个体攻击性的增加。Anderson 和 Bushman（2001）也得出了同样的结论，即玩暴力网络游戏会增加大学生的攻击性行为、暴力思想和消极过激情绪等。除了攻击性行为外，研究者还广泛开展了网络游戏对焦虑、抑郁、自杀和自尊的影响。值得注意的是，上述研究大部分针对的是大学生或青少年，因为他们都处于人生发展的特殊时期，因而所造成的影响也较成年人大。

◆ 四、关于手机游戏沉迷的干预策略研究

目前，关于手机游戏沉迷的干预策略研究还不多见。王文佳（2015）基于人眼识别设计了一套预防手机游戏沉迷的疲劳检测系统。该系统首先通过采集、存储、处理、人像数据及识别人脸位置，进而获得较为准确的人眼二值图像；然后，通过统计识别人眼开闭合度计算出 PERCLOS 值，达到检测疲劳的目的，并最终在软件上提示、警告用户。PERCLOS 值是检测眼睛是否疲劳的一个指标，它表示在一定时间内眼球闭合时间所占总体时间的百分比。通过检测眼睛视觉角度、眼睛转动速率、闭合时间的长短等，就能确定人的疲劳程度。

学者和临床医师较常使用的网络游戏成瘾治疗方法相对成熟，具有一定的参考价值。比较常用的是认知—行为疗法，其中，最为理论化和系统化的是美国学者金伯利·扬的认知—行为疗法和加拿大学者戴维斯的 11 周 7 阶段认知—行为疗法。国内学者杨放如和郝伟（2005）曾采用焦点解决短期疗法，即在 3 个月内，对网络游戏成瘾患者的类型与表现进行有针对性的心理社会综

---

① 卢西亚·罗莫，斯蒂芬妮·比乌拉克，劳伦斯·科恩，格雷戈里·米歇尔. 青少年电子游戏与网络游戏成瘾 [M]. 葛金玲，译. 上海：上海社会科学院出版社，2016.

合治疗，取得了较好的干预疗效。杨彦平等（2004）则采用团体心理咨询与辅导方式，通过开展团体活动对青少年网络游戏成瘾进行干预，也取得了较好的效果。此外，北京军区总医院中国青少年心理成长基地针对青少年网络游戏成瘾的各种症状，提出了"五位一体"的身心综合干预模式。总体来看，该模式较为完善，主要包括医学治疗、心理治疗、健康教育、军事化训练和社会体验活动等模块。

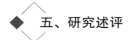

五、研究述评

综合以往的研究，目前在关于手机游戏成瘾问题的研究中，尚存在以下几个方面的问题：

其一，在研究对象上，对大学生及成人群体关注得较多，对青少年群体关注得较少。

其二，在关于游戏的终端类型上，对电脑游戏关注得较多，对手机游戏关注得较少。

其三，在手机游戏的后果上，对其消极作用关注得较多，甚至是过于夸大其负面作用，对其积极作用关注得较少；大部分聚焦于对青少年社会化影响的宏观层面上，缺乏对影响机制及模式的深度探究。

其四，在对手机游戏沉迷进行干预的策略上，比较强调医学、心理学等技术层面的手段，而忽略素质教育、"三观"教育等根本性措施。

其五，就国内研究而言，定性研究较多，定量研究较少，这就造成了得到的结论主观色彩较为浓厚。

第三节 研究设计

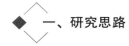

一、研究思路

本书的基本思路是在教育学、心理学、社会学、传播学等相关理论的基础上，运用理论研究与实证调查相结合的方法，对青少年手机游戏沉迷的现状、两面性及其形成因素进行深入探讨；并在此基础上，积极构建青少年手机游戏沉迷的预防与解决体系。

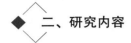

二、研究内容

本书主要包括以下六个部分的内容：

第一章为绪论，即了解国内外对手机游戏沉迷相关研究的现状，并进行述评，一方面是为了找寻本书研究的理论背景，另一方面是为了找寻本书的理论基础与研究空间。

第二章为手机游戏沉迷问题的理论概述。这一部分首先解释并辨析本书研究涉及的基本概念，包括游戏、网络游戏、手机游戏、网络游戏成瘾、手机游戏成瘾等；其次对网络游戏成瘾、手机游戏成瘾与手机游戏沉迷的诊断标准与形成机制进行深入探讨；最后介绍教育学、心理学、社会学、传播学等相关学科理论及其在本书研究中的应用路径。

第三章为青少年手机游戏沉迷问题的实证研究。这一部分分为两个阶段：第一阶段拟采用量化研究范式，先建立研究假设，然后在吉林省若干所中小学内发放调查问卷约 2000 份，通过调查数据验证研究假设，对儿童与青少年手机游戏成瘾的基本状况与手机游戏成瘾者的特征展开调查分析；第二阶段拟采用质化研究范式，通过参与式观察、深度访谈、个案等方式开展研究，对若干名中小学教师、家长进行访谈，并对若干手机游戏成瘾的个案进行跟踪研究，探寻他们产生手机游戏成瘾行为的根本原因。

第四章为手机游戏的两面性。对于青少年来说，手机游戏既具有积极作用，也具有消极作用。要预防与矫治手机游戏成瘾，必须对其有正确的认识。如果一味地将手机游戏视为"洪水猛兽""鸦片毒品"，过分夸大其负面作用，这对手机游戏产业与手机游戏成瘾的矫治都是不利的。因此，本书尝试建立符合社会主义精神文明需要的健康正确的手机游戏休闲观。

第五章为青少年手机游戏沉迷的形成因素。这部分拟从青少年的心理特质、手机游戏的特点、游戏开发运营商，以及社会体制、教育体制、大众传媒等方面探讨青少年手机游戏沉迷的原因。

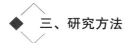

第六章为青少年手机游戏沉迷的应对策略。该部分借鉴相关学科的理论，以调查研究结果为基础，提出预防和解决青少年手机游戏沉迷的基本理念、基本原则，以及有针对性的、体系化的具体策略等。

◆ 三、研究方法

本书所采用的研究方法包括：

第一，文献调查法。通过查阅国内外有关文献，总结得出现有研究的不足，发现有待深入研究的问题。鉴于此，挖掘本书研究的理论基础、研究意义及价值，并运用已有的理论与有关的研究结果印证或解释本书的结果，从而得出较为合理的结论。

第二，问卷调查法。通过对不同城市、不同学校、不同年级的青少年学生进行问卷调查，了解青少年手机游戏沉迷的特征、内部差异与形成因素。

第三，访谈法。对若干名中小学教师、学生家长进行访谈，印证问卷调查数据并探讨深层次问题。

第四，数据统计分析法。运用 SPSS 21.0 软件统计包进行数据的录入、编辑与整理，再进行描述统计、推断统计、相关分析与回归分析，并借助 AMOS、MPLUS 等软件进行结构方程模型分析，拟揭示影响手机游戏沉迷的心理机制，并构建其模型。

第五，跨学科的研究方法。分别从生物医学、社会学、传播学、教育学、心理学等学科的视角对青少年手机游戏沉迷问题进行分析，以便实现理论分析与实证研究的结合、定性研究与定量研究的互补。

第六，归纳演绎法。运用归纳、演绎、综合分析的方法，分析青少年手机游戏沉迷的成因，并根据其形成因素，提出一些有针对性的、操作性强的预防和解决青少年手机游戏沉迷的对策体系。

◆ 四、研究的技术路线

本书的技术路线如图 1-1 所示。

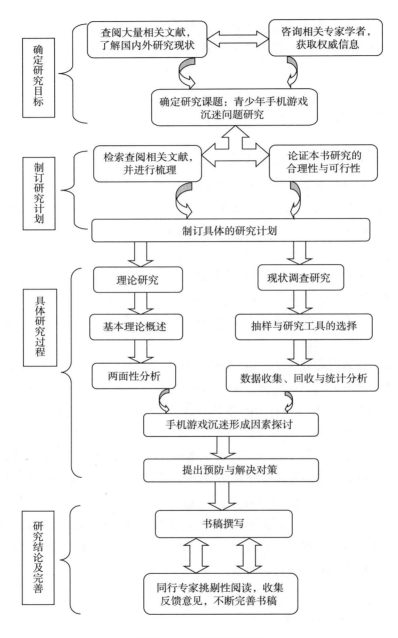

图 1-1　本书的技术路线

第二章 手机游戏沉迷问题的理论概述

第一节 概念界定

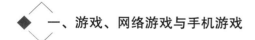 **一、游戏、网络游戏与手机游戏**

（一）游戏的含义及特征

1. 游戏的含义

"游戏"一词对应的英文是 Play 或 Game，本义是提供娱乐、消遣或旨在逗乐的东西。《现代汉语词典》对游戏有以下几种解释：游乐嬉戏、玩耍；不郑重、不严肃；文娱活动的一种。《辞海》对游戏的解释是：体育的重要手段之一，文化娱乐的一种。不同学者对游戏有不同的定义。德国学者克莱默（Kramer）认为，游戏是一种由道具和规则构建而成，由人主动参与，有明确目标，在进行过程中包含竞争且富于变化的，以娱乐为目的的活动。在传播学大师麦克卢汉（Mcluhan）看来，游戏是一种传播媒介，像任何信息媒介一样，是个人或群体的延伸。荷兰学者赫伊津哈（Huizinga）从现象学的角度对游戏进行界定。他认为，游戏是个体在特定的时空里自愿进行的一种活动或消遣，自愿接受具有约束力的规则，并伴有紧张、愉快等情感（闫宏微，2015）。

到现在为止，学术界对游戏的认识并没有统一，各学者从不同的角度或侧面给出了自己的界定。综合来看，游戏是个体以娱乐、消遣和发泄情绪为目的，在特定的时间和空间里自愿展开的有一定秩序性和规则性的活动。游戏参加者没有时势的必需和物质的功利，完全出于自愿，以娱乐、消遣和发泄情绪为目的。从内容上看，游戏包含力量与技能的较量、创新性游戏、猜谜游戏、舞蹈游戏、各种展览和表演。①

2. 游戏的特征

从游戏的含义来看，它具有如下四大特征：

（1）游戏能给个体带来轻松愉悦的体验。虽然参与游戏需要个体进行肢体操作，但同时游戏也是一种精神活动，给个体带来一种体验。在参与游戏的过程中，个体可以体验到轻松、愉悦、欢乐、满足和自由。

（2）游戏具有非功利性色彩，主体是自愿参与的。游戏的主体之所以能够体验到轻松愉悦之感，是因为主体是自由、自愿参与的，不带有功利性色彩。游戏应该是纯粹以娱乐消遣为目的、无利可图的活动；否则，游戏的性质就会发生改变。如有利可图，具有功利性色彩，那就不是游戏，是一种赌博。赌博不等于游戏，它会给人带来兴奋、紧张，如果失败还会带来失望、后悔、挫败感。

（3）游戏具有规则性与严肃性。所有的游戏必须有一定的规则，规则性可以说是游戏较为重要的特征，没有规则，就不能称为游戏，任何游戏都是在一定的规则范围内进行的。同时，规则还必须是严肃的，游戏参与者都必须遵守，不能随意篡改，规则贯穿于游戏的始终。谁不严肃地对待游戏，谁就是游戏的破坏者，那就要退出游戏，其成绩也得不到承认。

（4）游戏具有虚拟现实性。游戏世界不是真实的世界，但它不能完全脱离现实世界的背景，至少要有一定的现实基础，或者完全模仿真实的现实世界，所以游戏具有虚拟现实性。

（二）网络游戏的含义与特征

游戏的种类有很多，根据其属性的不同，大致分为两大类：一是传统游戏；二是电子游戏。传统游戏主要依托传统的道具，拼七巧板、玩魔方等智力

---

① 约翰·赫伊津哈. 游戏的人：文化中游戏成分的研究［M］. 何道宽，译. 广州：花城出版社，2007.

游戏，抛手绢、跳橡皮筋等活动性游戏等都属于传统游戏。电子游戏最早出现于 1962 年，它是电子时代游戏的总称，有着传统游戏所不具备的电子化表征。电子游戏包括街机游戏（游戏厅里的大型游戏机）、家用游戏（连在电视上，通过手柄操作）、电脑游戏。20 世纪 70~80 年代，街机游戏与家用游戏曾经风行一时，成为主流。进入 20 世纪 90 年代后，随着个人电脑的出现和普及，电脑游戏逐渐取代了街机游戏与家用游戏的主流地位。电脑游戏主要以电脑为客户端，根据是否需要以 Internet 为依托，又可以分为单机版游戏与网络游戏。

1. 网络游戏的含义

网络游戏就其本质属性而言，属于游戏的一种形式。网络游戏与传统游戏表现出共同的特征，包括情感体验上的轻松愉悦性、审美诉求上的无功利性、存在方式上的虚拟现实性（冯立新，2007）。与此同时，网络游戏是新经济时代经济文化科技相融合的产物，是所有游戏类型中最现代化、科技含量最高、最富魔力的一种游戏，它融合了网络这一新媒介的诸多优势，显现出它与传统游戏的区别，表现出强大的吸引力和竞争优势。从本质上看，网络游戏是电脑游戏的一种，是数字化时代的一种娱乐方式，是满足现代社会公众多元化需求的文化消费品。所谓的网络游戏就是基于 TCP 与 IP 协议，客户端设置在电脑上，依托物为 Internet，为网络游戏爱好者或参与者搭建了一个拥有特定规则的虚拟平台；在这个平台上，多个网络游戏爱好者或参与者可以在同一时间段玩游戏，还可以通过游戏端平台，实现以游戏为主题的人际交流与互动，并取得虚拟成就。

近年来，国家在网络宽带等基础设施方面的建设投入了巨资，使互联网越发普及，逐渐走进了千家万户，这不仅给广大青少年提供了查找信息的宽广渠道，也给他们提供了更多的游戏娱乐空间。现如今，网络资源越来越丰富，广大青少年学生如果想玩哪款游戏，不用像过去那样到实体店购买游戏光盘了，可以直接在网络寻找并下载可使用的游戏软件程序，或到购物网站进行线上购买。

2. 网络游戏的特征

网络游戏的特征主要包括跨越时空性、高度开放性、多维人机互动性和虚拟社区的构建四个方面。

（1）网络游戏具有跨越时空性。由于依托 Internet，使网络游戏可以跨越时间与空间的限制，把不同地方的两人或多人从不同的地方性场景中抽离出来交织在一起。在网络游戏中，游戏参与者可以扮演不同的角色，轻松自如地实现古今中外的穿越。网络游戏完全有能力整合更多的游戏参与者，实现各个不同的群体无障碍地操作与沟通。

（2）网络游戏具有高度开放性。网络游戏的场景是一个高度开放性的体系，在这个体系中，人与人可以交流与互动，人与物之间也可以相互作用。网络的开放性给游戏参与者提供了广阔的活动空间和极大的自主权，游戏参与者在游戏过程中完全可以来去自由。另外，网络游戏文本也不同于小说、电影剧本，它的主角与配角都是相对的，不是固定不变的，而是可以随时发生改变的。在网络游戏中，游戏参与者既是接受者，也是传播者；既是读者，更是作者。游戏参与者具有高度的自由与自主性，有着很大想象与拓展空间。

（3）网络游戏具有多维人机互动性。我们知道，传统的电视观看是被动的，电视台播放什么节目，用户只能在其中选择观看什么节目，属于被动地接收信息，不能与之互动。但在网络游戏中，游戏参与者不再是被动地接受信息，他们可以在虚拟现实所提供的环境中进行人机交互和网际对话。因此，网络游戏的系统运行在本质上是一种多维人机结合的共振环境。网络游戏参与者可以通过游戏提供的服务与游戏本身进行直接互动，还可以通过网络连线享受与其他人互动的乐趣（黄少华等，2015）。网络游戏可以说是集故事、美术、音乐、动画、聊天程序等于一体的即时互动型娱乐平台，游戏参与者可以根据自己的喜好选择棋牌、赛车或角色扮演等不同类型的游戏（齐轶丹，2004）。

（4）网络游戏构建了虚拟社区。网络游戏借助互联网技术构建了独立于现实世界之外的虚拟社区。在这个虚拟社区中，网络游戏参与者可以用实名，也可以用匿名的形式聚集在一起，他们没有现实世界的诸多束缚。在这个虚拟社区里，游戏参与者可以撕掉现实世界里虚伪的面纱，展现更加真实的自我，体验到竞技、沟通带来的新娱乐体验，并能获得真实世界里得不到的友谊、关爱和尊重。当然，虽然网络游戏中各种场景、人物、物体都是虚拟的，但它们具有一定的仿真性，是模仿现实的，它们可以使游戏参与者获得身临其境的体验。

（三）手机游戏的含义及特点

1. 手机游戏的含义

到了 21 世纪 10 年代，智能手机给人们带来了新的娱乐方式。随着智能手机的普及，手机游戏越来越流行，特别受到青少年的追捧，大有取代电脑游戏之势。手机游戏是以手机为媒介进行的游戏活动，它主要以智能手机为客户端，根据是否借助互联网平台，也可以分为单机版手机游戏与手机网络游戏。从广义的角度看，手机游戏是电子游戏大家庭中的一位"新成员"。手机游戏属于电子游戏的一种，与电脑、街机、掌机及主机游戏，合称为电子游戏。

2. 手机游戏的特点

手机游戏不仅具有电子游戏的趣味性、挑战性、互动性、匿名性等一般特点，还具有手机媒介独有的便携性、简单易学、社交互动性、即时性与可中断性、对手机技术依赖性等特征。

（1）便携性。相比于电脑游戏，手机游戏首先具有便携性和移动性。手机本身具有的高便携性决定了人们可以随时随地畅玩手机游戏。针对这一特点，手机游戏设计在时间上更加碎片化，使游戏参与者可以利用碎片化时间玩手机游戏，如上课间隙、乘坐公共交通工具等时间段。

（2）简单易学。手机游戏的便携性和移动性要求手机游戏简单易学。因为手机游戏面向的是普通消费者，而不是计算机专家，他们不可能深入地学习游戏技巧。手机游戏的终端是手机，它的硬件与软件都无法与台式机相比。毕竟，消费者也不会愿意花几个小时或更多的时间去研究一个在手机上操作的游戏，因此保持手机游戏的简单易学是最基本的要求。

（3）社交互动性。现如今，很多手机游戏与微信、QQ等社交类软件绑定，一方面为手机游戏提供了庞大的用户群体，另一方面也增强了手机游戏的社交性、参与性与互动性。以现在最受欢迎的手机游戏之一王者荣耀为例，它最成功的一点便是最大化其社会属性。通过绑定微信、QQ，同时在游戏中和他人建立友谊等关系，大大增加了该游戏的参与感。另外，参与者之间通过交流经验，很快就能找到手机游戏的根本模式或游戏秘诀。对于一款手机游戏来说，比较重要的一点就是互动性，即参与者之间能够方便地合作交流，这能大幅提高游戏的趣味性，也体现了当今纷繁复杂的游戏所具有的社会交互性，这一点已经被成功地证明了（董昆，2011）。

（4）即时性与可中断性。智能手机的功能呈现多样化，使手机用户可以在玩手机游戏的同时处理其他任务。多任务同时处理是当代手机生活方式的基本特征之一。手机用户常常在玩手机游戏的同时需要接打电话、查看电子邮件、跟踪快递或网上购物等。所以，一个好的手机游戏应该在提供游戏娱乐功能的同时，还允许用户在游戏和其他工作模式之间顺利切换。

（5）对手机技术的依赖性。手机游戏的终端是手机，所以手机游戏的发展对手机技术具有一定的依赖性。手机技术的研发主要以手机设备的硬件与手机网络的可获得性为基础。手机游戏质量与趣味的高低，与其可操作性、便利性、手机硬件功能与配置的高低等因素密不可分。手机游戏开发商在开发各类游戏的过程中也十分看重这些因素。他们总是将手机中先进的技术与手机游戏的情节或者操作相结合，以开发出更加丰富多彩的情节操作模式，使手机游戏更具吸引力（林鹏超，2016）。

目前，国内对手机游戏的研究多集中于游戏设计、开发领域、游戏成瘾等方面（刘雪琳，2019）。手机游戏正是通过手机技术的不断更新换代，从吸引青少年注意力逐步达到对其身心的控制（李挺，2019）。

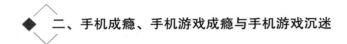

二、手机成瘾、手机游戏成瘾与手机游戏沉迷

（一）手机成瘾的含义、标准与类型

1. 手机成瘾的含义

"成瘾"一词最早是和药物相关的，如药物成瘾，即对某药物的过度依赖。随着时代的发展，出现了很多的成瘾现象，比如，赌博成瘾、毒品成瘾、游戏成瘾、麻将成瘾、网络成瘾。手机的出现和普及使人们可以随时随地交流、娱乐。手机使用人口基数和手机上网人数的不断增加为手机成瘾提供了"温床"。2020年《中国互联网络发展状况统计报告》显示，截至2020年初，中国手机网民的规模逼近人口总数的一半多，而在这些网民中青少年的手机使用率基本接近100%。手机成瘾逐渐成为一种较为普遍的现象，它是所有成瘾现象当中的一种，它也引起了社会与一些学者的关注，探讨手机成瘾的影响机制也逐渐成为研究热点之一。

目前，对于手机成瘾概念的界定，国内外学者并没有形成统一的认识，不同的学者提出了不同的意见。例如，屠斌斌等（2010）将手机成瘾定义为，由重复地使用手机所导致的一种慢性或周期性的着迷状态，并产生强烈的、持续的需求感和成瘾感的心理和行为。王小运和伍安春（2012）认为，由于对手机的过度使用而产生的依赖，伴随着这种依赖个体会出现强烈的心理体验和某些行为的不适。王相英（2012）认为，手机成瘾是在不存在物质成瘾的前提下，不适当的、过度的手机使用对当事人在生理和心理上造成不良后果的一种行为成瘾，也是指对手机的长期依赖。国外学者更倾向于用问题性手机使用或手机依赖等术语来表示手机成瘾。例如，Griffiths（1998）认为，手机成瘾是一种包含人机互动和非生化的行为成瘾。总体来看，目前对手机成瘾的概念可以分为两大类：一类是从心理学角度出发，把手机使用不当的行为认为是一种类似成瘾的行为，即手机成瘾或手机依赖，并按照成瘾的鉴定标准，依据症状对手机成瘾的概念进行界定；另一类是从行为学角度来界定，把不恰当或过度使用手机的行为称为问题性手机使用或手机问题使用（武晓锐，2015）。

　　虽然国内外学者对手机成瘾的界定不尽相同，但在以下几点上能够达成共识：其一，手机成瘾一定和长期频繁使用手机有关。如果个体不接触手机，当然不会产生手机成瘾。其二，手机已经较为严重地影响了个体工作、生活与学习，如果在这些方面没有影响或影响较小，也不能称为手机成瘾。其三，一旦脱离手机，个体会出现一系列生理、心理或行为上的不适反应，如焦虑、抑郁、幻听、魂不守舍、注意力不集中等。如果不接触手机，个体不会出现上述不适反应，那就说明还没有达到手机成瘾的程度，这一点也符合所有成瘾现象的共同特征。其四，手机成瘾一定是心理成瘾，是在心理上对手机的依赖，而不是身体成瘾，这和毒品成瘾最初的形式不一样。综上所述，我们认为，手机成瘾现象就是由于长期频繁使用手机而导致个体出现生理、心理或行为上的不适反应，并且较为严重地影响到个体工作、生活与学习的一种心理状态。

　　2. 手机成瘾的标准

　　关于手机成瘾的标准，学者们也提出了自己的见解。

　　韩登亮和齐志斐（2005）虽然没有对手机成瘾做出具体的界定，但他们提出了界定手机成瘾的三大标准。这三大标准包括对手机的滥用；手机过多地影响生活、工作和学习；停机或手机不在身边时，身心会出现一系列不适反应。韩瑞卿（2020）也提出了手机成瘾的三大标准，即对手机的过多关注，甚至在不当的社交场合或影响安全的情况下使用手机，如在驾驶汽车时发微信等；花费过多的时间或金钱在手机上；当与手机分离或没有足够的信号时会感到焦虑。北京安定医院精神科主任郑毅从精神卫生诊断角度提出了从行为上判定手机成瘾的标准：①无节制地滥用手机；②由于手机使用的原因影响了人际关系；③如果无法使用手机，会出现生理和心理的不适反应。

应该说，虽然上述判断手机成瘾的几大标准在表述上有所不同，但都抓住了手机成瘾的核心与本质特征。其一，手机成瘾的前提与基础就是过度使用或滥用手机，如果没有过度使用或滥用，就不会产生手机成瘾。其二，手机一定是对正常的生活、工作和学习带来了影响与干扰，否则也不能称为手机成瘾。其三，不接触手机时，个体的身心会出现一系列不适反应。如果没有不适反应的出现，则不足以称为手机成瘾。这几大标准是缺一不可的。

3. 手机成瘾的类型

根据手机使用的方向性，手机成瘾的类型主要划分为以下几类：

（1）手机交往成瘾。个体在人际交往过程中过度使用或过度依赖手机就容易形成手机交往成瘾。特别是青少年群体，身心发展还未完全成熟，在人际关系处理与实际表达上还存在很大的成长空间，在现实的人际交往中容易出现各种挫败感和困惑，于是他们往往就寄希望于运用手机交往。因为手机交往具有一定的隐匿性，可以在一定程度上保护他们脆弱的自尊。但是，手机交往毕竟是虚拟的人际交往，不是现实的，过度依赖则容易导致手机交往成瘾。

（2）手机信息获取成瘾。随着网络信息时代的到来以及智能手机的普及，人们获取信息的方式逐渐改变。过去，传统的信息获取方式主要包括读书、看报、听广播、看电视等；如今，运用这些方式获取信息的人越来越少，这些方式也不再是信息获取的主渠道。取而代之的是抖音、朋友圈、微博、头条、快手以及各种新闻网站等，它们逐渐成为人们获取信息的主渠道。人们只要拿着手机，就可以随时浏览发生在世界各地的热点事件，同时获取人们针对同一事件的各种评论。值得注意的是，青少年对获取的新信息特别敏感，但容易断章取义，对信息的处理过于碎片化，不了解事实的全貌，同时海量的信息也会占用青少年宝贵的时间，甚至导致手机信息获取成瘾。

（3）手机购物成瘾。随着智能手机的普及与快递行业的兴起，如今人们的购物方式也在发生改变，除了传统的实体店购物外，诸如拼多多、淘宝、阿里巴巴、京东、唯品会等各类购物 App 如雨后春笋般快速发展。手机购物的方便快捷与经济实惠，深深吸引着广大消费者群体。网络购物渠道逐渐成为人们获取物品的主要方式，这使人们把现实购物欲望投入手机购物中，由此造成手机购物成瘾（陈晓蕾，2020）。

（4）手机游戏成瘾。如今，手机游戏拥有大量的用户基数。据统计，在大部分国家，手机用户已经超过计算机用户。当前青少年玩得比较多的两款手机游戏为吃鸡、王者荣耀。这两款手机游戏具有超强的吸引力与趣味性，颇受广大青少年群体的青睐，吸引了大量的用户，并为之沉迷。青少年对新鲜事物的接受能力很强，这些手机游戏也成为他们生活的一部分，大多数青少年自制力较差，不能很好地掌控好游戏参与时间，从而导致手机游戏成瘾。

（二）手机游戏成瘾

1. 手机游戏成瘾的含义

随着移动互联网越来越普及，网络上能下载的游戏软件种类也越来越多，这对很多人来说几乎是唾手可得。手机游戏本身具有巨大的游戏娱乐属性，游戏玩家往往通过玩游戏来体验或回味童年时的快乐，并且一旦掌握了游戏的技巧，也有利于他们智力的开发。同时，面对当今日益增大的社会压力，玩手机游戏也有助于心理压力的释放（梁维科，2011）。手机游戏在一定程度上还能满足青少年的心理需求，如好奇心、依赖性等。手机游戏已经成为激起青年人对手机爱不释手，并沉溺其中的一个重要诱因，自然容易诱发手机游戏成瘾（班珍珍，2019）。张碧（2019）认为，手机游戏成瘾指因过度使用手机游戏而诱发产生对手机游戏的心理迷恋，是追求虚拟快乐的一种冲动和控制失序行为的一种方式，会伴随产生和手机游戏使用相关的耐受性、戒断症状、依赖性等，从而导致个体明显的社会关系、心理功能受损。从这个定义出发，手机游戏成瘾应该包括以下几个要素，即对手机游戏的过度使用；对手机游戏的生理与心理依赖；伴随相关的耐受性、戒断症状、依赖性等；心理与社会功能受损等。

人们可能有这样的误区，认为玩手机游戏多是利用零碎时间，不易导致成瘾；还有人对手机游戏认识不够全面，认为就是没事玩玩，不会成瘾。但遗憾的是，这种想法有些想当然，实际情况并非人们想象得那样简单。在实际生活中，就有很多人是因为利用零碎的时间玩手机而导致游戏上瘾的，这种情况占比还较高。虽然与电脑游戏所使用的电脑屏幕相比，手机游戏的屏幕画面较小，画面的精美程度与复杂程度也较低，但这丝毫不会影响人们上瘾的程度。事实上，很多手机参与者的需求也比较简单，然而就是这些如此简单、重复的动作反而更容易上瘾。

2. 手机游戏成瘾的特点

（1）依赖性。由于手机游戏会给用户带来兴奋、紧张、愉悦等情绪体验，同时也能获得短暂的安宁，达到逃避现实和对现实生活麻木的效果，久而久之成瘾者就会对手机游戏产生依赖性。对于成瘾者而言，手机游戏是他们应对环境压力和追求主观体验的一种方式，他们的思维和情感会逐渐与现实生活脱节，暂时忘记现实世界，而只迷恋手机游戏所营造的虚拟世界。他们一进入手机游戏就会变得精神抖擞、神采飞扬。但令人疑惑的是，这些手机游戏成瘾者一旦离开手机游戏，则好像换了一个人似的，立马变得精神萎靡、无精打采。

（2）耐受性。手机游戏成瘾的另一个显著特点就是在手机游戏方面投入比较多的时间与精力之后所表现出的耐受性。一般来说，我们在别的方面如学习或体育运动等投入较多的时间与精力后，会感到比较疲乏、厌倦，然而手机游戏则与之相反。手机游戏成瘾者花费较长的时间与精力玩游戏之后，非但不会感到疲乏与厌倦，反而会感到更多的快感与愉悦。这就是手机游戏成瘾的耐受性。

（3）戒断症状。手机游戏成瘾的第三大特征就是具有戒断症状。所谓的戒断症状类似于毒品或香烟成瘾患者，一些手机游戏成瘾者一旦脱离手机与手机游戏，或者玩游戏的时间较短，没有玩够瘾的话，就会产生焦虑、烦躁不安等不良情绪。同时，其内心会对手机游戏极度渴望，也没有什么心思做别的事情，直至影响饮食与睡眠。更严重者，还会出现精神恍惚、行为失常、幻觉等身心异常现象。

（4）心理冲突。手机游戏成瘾的第四大特征就是容易产生心理冲突。冲突的根源在于手机游戏成瘾患者正常的生活、工作与学习的秩序被打乱了。由于手机游戏及其相关活动占据了手机游戏成瘾者的大量时间和精力，使他们没有更多的时间和精力进行学习与正常的社会生活，与亲朋好友等的沟通交流必然减少。一方面，他们还是比较清醒的，往往能够认识到手机游戏成瘾所带来的危害；另一方面，他们又很难控制手机游戏给自己带来的快乐、满足与虚拟成就感。所以，他们的内心充满着冲突与矛盾，心理上长期处于矛盾与自责的状态。

（5）反复性。手机游戏成瘾的反复性是指成瘾行为与戒断行为之间常常反复循环发作。在别人的劝解与引导下，或是在手机游戏成瘾者自身意志力的作用下，有些成瘾者能在一段时间内坚持不玩手机游戏，或玩手机游戏的时间有所控制。但绝大多数成瘾者难以忘记在游戏中曾经体验过的那种超越现实感、充满梦幻般的愉悦感与快感，戒断的痛苦往往让他们又重新沉溺于手机游戏。随着一次次的戒断失败而表现出越来越强烈的欲望，最终导致成瘾者失去自制力而在手机游戏中无法自拔。

（三）手机游戏沉迷

1. 沉迷与成瘾的联系与区别

"沉迷"一词的本义是指个体深深地沉溺于某种事物，现在用以描述个体由于过度沉浸于某物而导致的混乱和迷失状态。"沉迷"行为与医学、心理学上所称的"成瘾""上瘾""依赖"等行为有相似之处，如都具有一定的强迫性、习惯性、依赖性和问题性等特征，都会影响行为主体的正常生活以及生理与心理健康。但沉迷与成瘾也有不同之处。

（1）两者的严重程度不同。沉迷的症状较轻，只是给主体的生活、工作、学习带来一定程度的干扰与影响，但不是十分严重；而成瘾的症状较重，会给主体的生活、工作、学习带来严重的影响，并影响到主体的生理与心理健康。

（2）个体与依赖物的关系不同。处于沉迷状态的个体与依赖物之间基本能维持对等的关系，即个体对依赖物还没有丧失自主性与独立性；而处于成瘾状态的个体与依赖物之间属于不对等的关系，其中的个体几乎完全失去自主性，甚至任由摆布，不能自拔。

（3）给他人的印象不同。"沉迷"给人们的印象虽然不是正面的，但也不至于是负面的，倾向于中性的；但"成瘾""依赖"等术语给人们的印象较为负面，被看作一种病态行为。"成瘾"这种说法不仅会给个体带来心理压力，也会导致外界对其产生标签化认知（李羲，2018）。

2. 手机游戏沉迷的含义

实际上，在日常生活中，很多青少年也只是沉迷于手机游戏，并没有严重到能被称为成瘾、依赖的程度。所以，我们采用"沉迷"一词来定义这一行为，精准地描述青少年由于过度沉浸其中而导致的混乱或迷失状态。刘琬璐（2018）认为，手机游戏包括沉浸性体验、沉迷性体验、成瘾性体验三个阶段。其中，沉浸性体验处于初步阶段，主要表现为用户对手机游戏产生一般的动机，是一种较为积极的体验。沉迷性体验处于中间阶段，即用户以手机为媒介，对手机游戏产生依赖并引起生理、心理或者社会性适应不良的体验。这种体验属于中性体验，既不是积极的沉浸体验，也不是消极的成瘾性体验。成瘾性体验处于高级阶段，是一种消极的体验，用户会强烈感受到手机游戏给身心以及生活、工作、学习带来的负面影响。当前手机游戏使用者普遍表现的一种体验状态就是沉迷性体验，这种体验属于沉浸体验的失衡阶段。在这个阶段，手机游戏玩家已经表现出手机游戏成瘾的若干特征，但还没有达到成瘾的标准。所以，沉迷性体验实际上是手机游戏玩家过渡性的一种使用状态，即从沉浸到成瘾的过渡阶段。

总体来说，手机游戏沉迷的对象就是手机游戏本身，其介质为手机游戏软件提供的虚拟环境，聚焦于较高的耐受性反应、较强的戒断性反应，具有一定的依赖性、仪式性、强迫性等特征，且不太顾及手机游戏所具有的危害性，对手机游戏表现出心理和行为上的一种沉迷状态。

3. 青少年手机游戏沉迷者的特征

（1）较为明显的依赖性。青少年手机游戏沉迷者对手机游戏表现出较为明显的依赖性。在进行游戏时，沉迷者表现出专注和紧张，与没有进行游戏时判若两人，表现出两极分化。当沉迷者内心得到满足时，外在表现常常为高声喧哗、大笑，或过多使用一些炫耀性语言等；当沉迷者内心未得到满足时，外在表现常常为焦虑、紧张、不安，或怪罪、迁怒于他人，或归咎于设备不佳等。此外，游戏结果也直接影响青少年沉迷者的情绪。如果游戏胜利，沉迷者会保持愉悦情绪，主动与人分享游戏中的情节；如果游戏失败，沉迷者则会心理失衡，会与他人发生冲突，抱怨队友水平太次、怀疑对手作弊等。

（2）不断提升的耐受性。对青少年手机游戏沉迷者来说，耐受性是指随着时间的累积与行为的不断重复，手机游戏给沉迷者带来的心理满足感会逐渐变弱。于是，沉迷者需要通过不断地延长手机游戏时间、增加游戏强度，才能获得与之前大致相同的心理满足。一旦减少游戏时间或降低游戏强度，沉迷者就会感到不安或焦虑，因此造成游戏时间的不断延长和游戏强度的持续增强。青少年游戏沉迷者一般具有较高的耐受性，且随着沉迷程度的加深而不断升高。总之，沉迷者会为了获取更强烈的刺激而不断重复游戏行为，直至获得足够的心理满足。

（3）出现反复的戒断反应。戒断反应是医学的一个专业术语，用以描述停止或减少某种瘾性药物使用剂量之后出现的特殊症状，如兴奋、失眠、癫痫发作等。青少年手机游戏沉迷者也会出现类似的戒断反应。青少年一般能意识到手机游戏沉迷会给自己带来一些不良的影响，在家长或教师的劝导下，会产生主动控制或停止游戏行为的意愿。但他们往往无法忍受中断手机游戏带来的心理落差与空虚感，又会重新回归以前的沉迷状态，最终出现反复戒断症状，即不适感和不良反应，如无聊、烦躁、紧张、焦虑不安等。

（4）出现强迫性游戏行为。强迫性是指个体明知某种行为是不合理的，但无法控制自己，最终仍然会做出这种行为。青少年一旦沉迷手机游戏，也会产生类似的强迫性行为。即使青少年已经知晓手机游戏沉迷带来的一系列危害，但还是忍不住开始游戏，且越是压抑自己的欲望，越感到烦躁焦虑，反而会选择在游戏中寻求缓解（李羲，2018）。

（5）多样的不适表现。长期沉迷手机游戏的青少年，对游戏的依赖导致其短则几个小时，长则通宵达旦地盯着手机屏幕，断绝其他一切活动以免受到外界干扰。为了有更多时间玩游戏，他们甚至放弃了吃饭、睡觉等正常活动。这种生活方式让他们的身体产生了生理变异，造成其存在不同程度的身心不适，如睡眠不足、视听能力降低、精神不振、作息紊乱、注意力难以集中、情绪易怒等。手机游戏沉迷者在了解游戏沉迷对身心带来的负面效果后仍无法克制游戏行为，不断加重了身体及心理负担，导致身体疾病与生理变异，这是典型的手机游戏沉迷特征。

第二节　手机游戏沉迷的测量

对于青少年手机游戏沉迷的测量和判定，目前还没有统一的标准与公认的量表或调查问卷，但以往关于网络成瘾、网络游戏成瘾、手机游戏成瘾的相关量表可以给予我们一定的借鉴与参考。

一、关于网络游戏成瘾的测量及诊断标准

美国学者 Young 较早开始研究网络成瘾问题。Young（1996）参照《美国精神疾病分类与诊断手册》（DSM-Ⅳ）中界定物质成瘾的十大标准制定了网络成瘾的标准。该标准共包括 8 个题目用以判断网络成瘾，即突显性、过度使用、戒断反应、控制失败、情绪调节、分心、隐瞒与忽视社交生活，对其中 5 个及以上题目给予肯定回答即为网络成瘾。

国内学者周治金和杨文娇（2006）编制了适用于中国大学生的网络成瘾类型问卷。经探索性因素分析获得了 3 个维度，即网络游戏成瘾维度、网络人际关系成瘾维度与网络信息成瘾维度。得分越高表示网络游戏成瘾倾向越明显，其中得分高于 25 分则判断为高成瘾倾向，得分低于 10 分则判断为低成瘾倾向。各因子负荷在 0.50~0.82；总问卷的克隆巴赫 α 系数（Cronbach's alpha, Cronbach's α）为 0.92，各分问卷的克隆巴赫 α 系数在 0.80~0.88；总问卷的重测信度系数为 0.87，各分问卷的重测信度系数在 0.81~0.91。他们采用验证性因素的方法评估了该问卷的结构效度。结果表明，问卷的三因素模型的各项参数均达到可以接受的水平，即 RMSEA = 0.07、NFI = 0.97、CFI = 0.98、RFI = 0.96、IFI = 0.98、TLI = 0.97。该问卷的信度和效度均达到测量学标准，可用于大学生网络成瘾类型的测试。该量表内部具有较高的同质性，测量的是同一个公共实体，具有构想上的一致性，这都表明了该量表的可靠性较高（张碧，2019）。

陈淑惠等（2003）编制了中文网络游戏成瘾量表。该量表包括 3 个维度，即网络成瘾耐受性、强迫性上网行为、网络戒断退隐反应。该量表的编制以大学生为样本，总量表的克隆巴赫 α 系数为 0.94，各个分量表的克隆巴赫 α 系数为 0.78~0.90；两个星期之后的重测信度为 0.83。杨金江等（2008）在一项研究中曾修订过该量表。修订后的网络游戏成瘾相关问题包括家居与社交生活的损害、工作学习的损害、掩饰上网行为、身体不适反应 4 个维度。黄思旅和甘怡群（2006）修订了青少年网络游戏成瘾量表。修订后的青少年网络游戏成瘾量表包括 4 个维度，即成瘾行为、情绪唤起、羞耻不满和功能损害。总量表内部一致性信度系数为 0.93，分量表内部一致性系数在 0.70~0.92。

戴坤懿（2012）在他的博士论文中介绍了他编制的网络游戏成瘾量表。该量表一共有 11 个项目，每个题项都是描述网络游戏成瘾的症状，如"使用网络游戏的目的就是为了逃避问题，诸如学业压力、家庭矛盾、无聊、无助、罪恶等。"采用李克特五点量表法计分，从非常不符合到完全符合依次记为 0~4 分。探索性因素的结果表明，KMO 统计量为 0.93，巴特利球形检验的结果卡方值为 347.66，$P<0.001$；只提取一个公因子，累积方差贡献率为 70.32%，显示该量表为单一维度，所有的 11 个题项都可以反映网络游戏成瘾者特有的成瘾症状。总量表的克隆巴赫 α 系数为 0.97，分半信度为 0.96；11 个项目的重测信度系数为 0.75~0.93（$P<0.01$），总量表的重测信度为 0.97（$P<0.01$）。11 个题项的得分与量表总分的相关系数在 0.72~0.91。根据该量表的诊断标准，总分达到 30 分以上，即可以诊断为网络游戏成瘾；总分在 30 分以下，则为网络游戏沉迷。

◆ 二、关于手机游戏成瘾的测量及诊断标准

近年来，国内外学者也编制了关于手机游戏成瘾的相关量表。

香港中文大学的学者梁永炽编制了手机依赖指数量表 MPA，主要用于诊断青少年和大学生的手机成瘾。该量表采用李克特五点量表法评分，其中，1 代表从不，2 代表没有，3 代表偶尔，4 代表经常，5 代表总是；共有 17 个题项、4 个维度，分别为戒断性（4 个题项）、失控性（7 个题项）、低效性（3 个题项）和逃避性（3 个题项）。如果被试者在 17 道题中有 8 道题是肯定回答，便被界定为手机成瘾。

熊婕等（2012）编制了大学生手机成瘾倾向量表。该量表一共包括 4 个维度，即戒断症状、突显行为、社交抚慰与心境改变。戒断症状指个体没有用手机时就会出现心理或生理上的不良反应；突显行为指手机占据了个体思维和行为活动的中心；社交抚慰指通过使用手机能在个体人际交往中发挥一定的作用；心境改变指通过使用手机能给个体带来情绪上的变化。该量表共计 16 个题项，其中，戒断症状 6 个题项、突显行为 4 个题项、社交抚慰与心境改变各 3 个题项。采用李克特五点量表计分法，从完全不符合到完全符合，分别计 1~5 分。因各维度题项数量不等，为了便于横向比较，一般采用维度均分计

分，即各维度得分为该维度分之和除以题项数。所以，各维度得分在 1~5 分，以不少于 3 分（理论均值）为手机成瘾倾向率判断标准，得分越高，表明手机成瘾倾向越严重；得分越低，表明手机成瘾倾向越轻微。总量表的克隆巴赫 α 同质性信度系数为 0.83，其中，戒断症状、突显行为、社交抚慰与心境改变分量表的克隆巴赫 α 同质性信度系数分别为 0.80、0.64、0.68 与 0.55。总量表的重测信度为 0.91，戒断症状、突显行为、社交抚慰与心境改变分量表的重测信度分别为 0.85、0.75、0.76 与 0.79。从结构效度来看，各个维度之间的皮尔逊相关系数在 0.24~0.61（$P<0.05$），各个维度与总分之间的皮尔逊相关系数在 0.55~0.89（$P<0.05$）。综合各种信效度的指标，该量表达到了测量学标准，可以作为测量工具使用。

◆ 三、关于手机游戏沉迷的测量及判断标准

李羲（2018）认为，关于手机游戏沉迷的测量应该考虑游戏时长、游戏习惯、戒断反应、态度行为四个方面的问题。首先，游戏时长是指玩手机游戏的时间长度。手机游戏沉迷者对时间的知觉会发生变化，甚至发生扭曲，他们往往觉得时间过得很快，或者感受不到时间流逝，总是觉得自己并没有在手机游戏上花费过多的时间，因此游戏玩家对游戏时间的感知成为判断其是否为手机游戏沉迷的标准之一。其次，手机游戏沉迷者的游戏习惯往往与众不同。他们一般会放弃其他娱乐活动、体育活动，挤压学习和工作时间玩游戏，感觉不到周围的人与事物的存在，而把手机游戏作为唯一的活动方式。存在这些行为习惯的青少年手机游戏者，可以判定为手机游戏沉迷者。再次，手机游戏沉迷者会伴随产生戒断反应。一旦手机游戏戒断之后，他们往往会表现出焦虑不安、紧张恐惧、愤怒暴力、无聊烦躁等情绪和行为，甚至会出现幻听和妄想等。最后，手机游戏沉迷者往往表现出异常的态度与行为。他们对待手机游戏的态度总是如醉如痴、无法脱离，在行为上自我封闭，长时间熬夜甚至通宵达旦，保持低水平的现实社会交往；因其长时间佩戴耳机或紧盯手机屏幕，还会造成视听能力下降或受损等。

根据上述四个判断标准，李羲（2018）编制了包含 20 个题项的手机游戏沉迷量表。该量表分为 4 个维度，即参与时长、参与习惯、戒断反应、态度行

为，每个维度各 5 个题项。每个题项都是描述个体参与手机游戏时出现的某种状况，如"因参与手机游戏而影响正常的学习""脱离手机游戏会感到精神不振"等；该量表采用李克特五点量表计分法，其中，1 代表没有，2 代表偶尔，3 代表有时，4 代表经常，5 代表总是。该量表的分数取值范围在 20~100 分，得分越高，表明手机游戏沉迷程度越严重。其中，20~39 分为轻度沉迷或不沉迷，40~79 分为中度沉迷，80~100 分为重度沉迷。孙崇勇等（2020）采用该量表进行调查研究，结果表明，该量表的克隆巴赫 α 系数为 0.76，各分量表的克隆巴赫 α 系数分别为 0.69、0.68、0.73 和 0.70。

考虑到手机游戏沉迷问题在青少年群体中可能有负面的印象，如果完全采用自评方式可能会有一定的局限性，进而会导致数据结果失真，结论不客观。因此，为确保信息来源真实、客观、平衡与全面，该量表不宜单独使用，最好采取自测与同伴测评相结合的方法。也就是说，除了被试者自测以外，还要纳入同伴测评加以补充。因为青少年与同伴的相处时间较长，不存在代沟，互相之间也比较了解，从而能保证测评结果的科学性与准确性。一般来说，自主测评与同伴评价的比重各占 50% 左右为宜。

第三节 手机游戏沉迷问题研究的理论基础

在开展青少年手机游戏沉迷问题研究之前，我们有必要回顾一下有关的经典理论在这一研究问题上的借鉴意义与重要启示，以便获得更加宽广的理论视角与更加有效的分析方法。

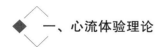

一、心流体验理论

心流体验（Flow）这一概念最早由美国心理学家米哈里·希斯赞特米哈伊提出。他花了 20 年时间，采访了数百名男女员工，为了描述他们工作巅峰状态而提出了这个概念。心流体验在国内还有多种译法，如沉浸感（衡书鹏等，2018）、流畅经验（李会文，2015）、福流（朱颖和侯玉波，2015）等。在访谈中，希斯赞特米哈伊发现，虽然一些体育与艺术工作者属于不同的领域范畴，但他们有着共同之处，即他们在进行自己所喜欢的工作时，会全神贯注，从而丧失对其他不相关事物的知觉，仿佛被这项工作吸引进去一般，获得了一种令他们十分兴奋的情绪体验，以致他们都会非常愿意并且持续不断地从事这些工作。由此，希斯赞特米哈伊将这种积极的情绪感受与体验定义为心流体验。简而言之，就是人们对某一活动或事物有着浓厚的兴趣，并能促使个体充分参与其中（张碧，2018）。

希斯赞特米哈伊在《创造力：心流与创新心理学》中对心流体验做了进一步阐释。他认为，心流体验一般包括九个重要因素：①每一步都有明确的目标。在心流体验中，个体始终知道自己需要做什么，特别是有趣的工作，目标更加明确。②行动会马上得到反馈。在心流体验中，个体不但知道自己要做什么，还知道自己做得怎么样，即反馈会很及时。③存在挑战与技能的对等。个体感到自己的能力与行为匹配，如挑战太高，会有挫败感，个体会变得沮丧或焦虑；如挑战太低，会有厌倦感，感到乏味。个体总是在挑战与技能之间寻找平衡。④行动与意识相融合。因为挑战与技能之间的对等，特别需要个体集中自己的注意力、拥有明确的目标并获得及时的反馈。⑤不会受到干扰。心流体验者只觉察到与此事相关的事情，无关的事情觉察不到，就像外科医生给患者做手术一样，不能受到干扰。⑥不担心失败。处在心流体验中，个体会过于投入，不会考虑失败，就好像一切皆在自己的掌控中一样。⑦自我意识消失。在心流体验中，个体不怎么在乎对自我的保护，因为个人的心理资源是有限，对自己正在做的事情投入了较多的心理资源，给其他方面分配的心理资源就少了。⑧遗忘时间。当个体处在心流体验中时，会忘记时间的存在，时间知觉会发生扭曲，个体会觉得时间过得飞快，几个小时就像几分钟一样，也有可能相反，觉得时间过得太慢了。⑨活动本身具有了目的。个体对活动本身由外在动机转化为内在动机，真正地喜欢上这些活动，并尽可能获得更多的心流体验。

心流体验理论对我们研究手机游戏沉迷问题具有重要的启示，很多手机游戏沉迷者都有这九种体验与感受。他们在玩手机游戏时都有明确的目的性，有的是为了娱乐，打发无聊的时间；有的是为了达到理想的层级或段位，以获得虚拟的虚荣心满足；有的是为了获得某种装备；有的是以游戏交友；等等。手机游戏的每一层级结果也能很快得到反馈，某一层级游戏成功了便会进入对应的下一层级，失败了再重新玩。手机游戏沉迷者一般会选择适合自己的游戏种类，难度选择适中的，太难的游戏难以取胜，容易获得挫败感；太容易的游戏又不具有挑战性。所以，沉迷者选择游戏时的确会考虑挑战与自身技能之间的对等。沉迷者一旦进入游戏，会集中自己的全部注意力，不关心与之无关的事情，会排除外界的一切干扰，甚至达到忘我的境地。他们往往会抱有必胜的信心，不会担心失败，不会在意他人对自己的看法，忘记自我的保护，忘记时间的存在。很多游戏沉迷者刚开始接触游戏时纯粹是出于好奇，或是来自他人的怂恿，但玩着玩着就会从内心深处由衷地喜欢上游戏，甚至沉溺其中而不能自拔，从而实现了对手机游戏的外部动机向内部动机转化的过程。

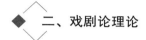

二、戏剧论理论

戏剧理论（Dramaturgy）也称为"拟剧论"，是由美国心理学家戈夫曼提出来的一种符号互动理论。作为符号学派的主要代表人物之一，戈夫曼把人们的活动比作剧院类演出，从戏剧的角度研究社会互动。该理论的基本观点是：社会是一个舞台，全体社会成员是在这个舞台上扮演不同角色的演员，他们都在社会互动中表演自己，塑造自己的形象并更好地表达自己的目的（林崇德，2003）。

戏剧理论包含三个重要的概念，即社会角色、印象管理和前台与后台。①社会角色。在戈夫曼看来，整个社会结构就好比一个大舞台，丰富多彩的社会生活就是这个舞台上演出的各种戏剧。这些演出是由全体社会成员的互动活动构成的，表演按一定的常规程序进行，每个人都根据剧本扮演不同的社会角色。所谓角色是由社会界定的一些规范，并要求处于某一特定社会地位或位置的人去遵守。②印象管理。印象管理是指在表演中人们都非常关心和试图控制自己留给他人的印象，于是通过语言、姿态等表现来使他人形成对自己所希望的印象。戈夫曼认为，为了实现印象管理，人们就要运用一些手段（包括外部设施和个人装扮等）来装点"门面"，以有利于控制他人对自己的印象。表演者常常会掩饰自己的表情或内心的真实想法，以塑造自己在他人心目中理想的形象。③前台与后台。戈夫曼认为，人们表演的区域有前台和后台之分。前台是个体表演展示的地方，后台主要为个体前台表演做些准备工作，后台是观众看不到的，因而具有一定的隐私性。在前台表演时，人们的语言与行为都要遵循一定的规范，要在观众面前竭力塑造某种角色形象，就好比戴着一副面具。但当人们结束前台表演来到后台的时候，就可以摘掉这副面具，放松下来，自由宣泄个人情感，充分展示自己的个性。

戏剧理论也为我们研究与探讨青少年手机游戏沉迷问题提供了有价值的借鉴与参考。首先，当前受青少年追捧的手机游戏大多是一些在线角色扮演类游戏。这类游戏要求青少年在游戏情节中扮演某一个人物角色，完成被指派的各种任务，并在这一过程中与其他游戏参与者交往互动。当青少年在参与角色扮演游戏时，会产生具有类似心理剧的效力，如投射出内心的强烈欲望，暂时摆脱社会性角色的束缚等。

其次，角色扮演类手机游戏便于青少年之间进行互动。在这类游戏中，青少年可以比较方便地、频繁地与其他游戏参与者进行互动。互动的方式也较多，既有通过台词等语言符号的形式，也有通过各类动作或表情等非语言符号方式等。值得注意的是，青少年为了得到他人的认同与理解，有时还会掩盖与自己理想形象不一致的活动，或者塑造更为理想的形象。

最后，我们也可以把手机游戏世界看作青少年的后台生活，而把他们的现实生活看作前台生活。在现实生活中，青少年要扮演父母和教师心目中好孩子的角色，勤奋刻苦学习，维持着日常的生活与学习。一旦进入了游戏世界，青少年就可以充分利用这个后台尽情地宣泄在前台生活中积聚的不愉快情绪，或者消除前台生活带来的紧张感，从而获得一种身心的放松。从这个角度来看，手机游戏对青少年来说具有一定的积极意义。

◆ 三、狂欢理论

"狂欢"这个概念是由结构主义符号学的代表人物之一——巴赫金提出来的。他在研究狂欢文化时提出了"两种生活，两种世界感受"的重要思想（钱中文，2009）。他认为，中世纪的人们似乎过着两种生活：一种是常规的生活，要求遵循严格的等级秩序，充斥着恐惧、教条、特权、禁忌等；另一种是狂欢式生活，即摆脱恐惧、教条、特权和禁忌等，实现自由自在的生活，人们可以毫不拘束地进行交往。在"两种生活"思想的基础上，巴赫金又提出了"两种世界感受"的思想。在他看来，人们对常规生活的感受是官方的世界感受，在这种生活中，人们不自由，人与人的关系不平等，现实世界和现成秩序是凝固不变的，官方的权威是不可动摇的。人们对狂欢式生活所形成的世界感受则完全相反，在这种生活中，人们是自由的，人与人之间的关系是平等的，现实世界和现存秩序也是可以变化的，它对一切僵化的教条提出挑战。站在中世纪的视角看，巴赫金的狂欢理论蕴含了反对宗教压迫，追求个性自由、平等，且具有人文主义精神。

　　巴赫金所说的"狂欢式的笑"就有如下特点：首先，狂欢式的笑是面对全民的笑，而不是面对少数人或特权阶级，而且这种笑始终充满着节日的气氛，是喜庆的、欢快的笑。其次，狂欢式的笑是包罗万象的，是针对所有的人和事，而不是针对特定的人或事。生活中只要是有值得祝贺、快乐的事就可以笑。最后，狂欢式的笑不是单面的，而是双面的，即具有双重性特征。它既带有欢快狂喜的特征，也带有冷嘲热讽的特征；它既有肯定的一面，也有否定的一面。巴赫金的狂欢理论之所有在当代中国较为流行，重要的原因在于他比较重视发扬民间文化，崇尚平等，引发人们对当代生命力的思考等。当代网络越是发达，各阶层、各民族文化越是需要自我展示与互相沟通，从而达到一种全民性的世界感受。

　　巴赫金的狂欢理论对我们研究和探讨青少年手机游戏沉迷问题也具有一定的启示。首先，手机游戏在某种程度上与狂欢的功能具有一致性，比如，手机游戏具有缓和沉闷的学习气氛，降低学习压力的作用，可以打发一些无聊的时光。其次，网络具有匿名性，青少年在手机游戏中可以选择扮演任一个角色，从而超越了现实生活中财富、权力、社会地位等的限制，每个玩家在游戏中都是平等的一员。最后，在手机游戏中青少年可以摆脱现实生活中的诸多限制，更加接近自己的原始状态。就像弗洛伊德的人格结构理论中的"本我"一样，在手机游戏中，青少年就像一个快乐的小孩，以追求快乐为原则，尽情地满足自己原始的、本能的欲望与冲动。游戏参与者可以暂时忘记现实社会中的烦恼、压力、疲惫、压抑与不平等，快速实现身心的快乐，回归到本我的享受，从而达到一种类似狂欢化的感受。

◆ **四、社会标签理论**

社会标签理论是以社会心理学为视角来解释一些越轨行为的理论。该理论于 20 世纪 60 年代兴起于美国，代表人物主要有贝克尔、莱默特、埃里克森、舒尔等。社会标签理论的主要内容有三个要点：其一，越轨行为的原因十分复杂，需要重新解释；其二，不要盲目地张贴标签，要有选择性；其三，正确看待越轨行为的养成过程，常常伴随着被辱的心理。贝克尔认为，社会和他人是否把一个人看作越轨者，对一个人是否产生越轨行为起到关键性作用。基于这个观点，如果我们给一个初次违法犯罪的人贴上"坏人"的标签，同时该人对这种"坏人"标签产生了消极的认同结果，那么该人还可能会继续从事违法犯罪的行为。也就是说，某种行为是否构成违法犯罪，往往并不由行为本身的性质决定，而是由法律中的条文确定。

一般来说，普通公民如果遵守道德与法律的规范，往往会被贴上"守法者"的标签。而个体一旦被贴上"违法者"的标签，就容易在周围社会成员的心目中树立起违法者的形象，社会成员自然会对所谓的"违法者"表现出一些诸如谴责、歧视等的标签行为。当个体对这种标签过程产生消极认同时，就容易产生抑郁、绝望等消极情绪，在这种情绪的影响下，可能会引起更多的、更为严重的违法犯罪行为。

在社会标签理论看来，所谓社会问题或越轨行为是一种主观的东西，即某种社会现象之所以成为社会问题，是因为社会给它贴上了这样的标签（王晓滨，2015）。所以，在研究社会问题或越轨行为时，这些问题或行为本身也许并不太重要，重要的是社会如何评价它们。有些人本身可能没有越轨行为或没有过多的越轨行为，但他们一旦被贴上所谓"有越轨行为"的标签后，往往真的会去做标签所界定的越轨行为，结果造成越来越多的越轨行为。这里还涉及初次越轨行为和再次越轨行为的理论。该理论最早由莱默特提出。他认为，在日常生活中，很多人都有可能偶尔产生越轨行为，这类行为一般都是暂时性的、轻微的或是试探性的，也是容易被隐瞒的。这类行为虽然违背了普遍的行为规范，但在行为者和他人看来，并没有超越社会法律、道德与规范的底线，还不能算是初次越轨行为。然而，如果这类行为被公布于众，而且行为者身边的人，包括亲朋好友、同事或警察等群体把这类行为看作越轨行为，那么行为者就有可能产生再次越轨行为。

社会标签理论对青少年手机游戏沉迷问题的研究具有较大的价值与启发意义。它启示我们：当我们评价、处理某种社会问题、越轨行为时，划分社会问题的界限要明确、适当，打击面不能过大。如我们要根据测量及诊断标准，科学地划分网络成瘾、网络游戏成瘾、手机成瘾、手机游戏成瘾与手机游戏沉迷。有的青少年可能只属于手机游戏沉迷，并没有严重到成瘾的程度。所以，我们不要随意给青少年贴上"成瘾"的标签，或者将其公之于众，否则会造成适得其反的后果。当然，根据唯物辩证法的观点，事物就像镜子一样，具有一体两面的特点，贴标签也不例外。我们也可以利用贴标签的办法来解决社会问题或越轨行为，即将某种社会状况与行为贴上"正当的""正常的""符合社会规范"的标签，这样就可以消除它们的对立性。我们也不要把手机游戏沉迷现象看作"洪水猛兽"，多关注一下其积极作用，对具有手机游戏沉迷现象的青少年进行正确引导，最大限度地发挥手机游戏的积极作用，克服或避免手机游戏沉迷带来的消极作用。

◆ 五、污名理论

"污名"（Stigma）一词最早来源于古希腊社会与基督教义中。在古希腊文化中，污名指的是用身体标志来标明道德上异常的或者坏的东西，这些标志被画在或刻在人的身体上，标明他们是奴隶、罪犯或者叛徒。[①] 在基督教的语境中，污名包含了两层含义：一是指神圣恩典的身体符号，表现为皮肤上发出来的斑疹；二是指医学上对这种宗教典故的称呼，即由生理紊乱引起的身体记号。

美国著名社会学家欧文·戈夫曼一直致力于研究人类异常行为，1963 年，他出版了专著《污名》。在这本专著中，他第一次把"污名"这个概念引入社会学领域。他是这样定义污名的：当我们第一次面对陌生人时，通过其外表给

---

① 欧文·戈夫曼. 污名——受损身份管理札记［M］. 宋立宏，译. 北京：商务印书馆，2019.

人的第一印象，就可以让我们预测他的类型和特征，即他的"社会身份"（Social Identity）。由此看来，"污名"这个术语既包含了个体的结构特征，如"职业"；同时也包含了个人特征，如"诚实"，其内涵比"社会身份"更加丰富一些。如果一个人具有的类型和特征能被事实证明是真实的，那他将具有"真实的社会身份"（Actual Social Identity）。如果一个陌生人具有某些不太令人欢迎的特征，如邪恶透顶、跟他相处十分危险、内心极其虚弱等，同时我们还能找到支持这些特征的证据，那么这个陌生人在我们心中的地位就会彻底下降了。也就是说，这个陌生人从此沾上了污点，受到他人的轻视。这种特征就是我们这里所说的污名。值得注意的是，这种特征有时还被人们称为弱点、缺点或缺陷。实际上，它是基于虚拟的社会身份和真实的社会身份之间的一种特殊差距而形成的。

可见，污名的概念涉及一个定义与评价的问题。根据污名理论，一个人本身是否有缺陷或者有污点其实并不重要，重要的是这个人在一定的社会群体和交往关系中被其他人看作是否有缺陷、有污点。戈夫曼从"丢脸者"与"会丢脸者"两种不同的视角区分了污名现象。其中，"丢脸者"的意思是他的与众不同或污名已经被他人所了解，能够很容易被他人发现。对于这类人，他们彼此可以进行精神上的慰藉与心灵上的关怀，他们可以毫不介意自己的污名问题，并且可以公开地谈论这些问题。甚至，他们还可以把污名作为资本，使自己在该群体中获得某种相应的地位。"会丢脸者"的意思是他的与众不同或污名既不能被他人所了解，也不能立即被他人觉察到。对于这类人，他们无需感到羞耻，因为他们知道，即使自己有缺点，但仍然会被当作一个普通个体看待。

污名理论也为我们研究青少年手机游戏沉迷问题提供了借鉴与参考价值。首先，这一理论很好地解释了在一些青少年之中存在的较为普遍的手机游戏沉迷现象。在与大多数人相处时，这些青少年往往是冷漠的、沉默寡言的，甚至难以亲近的，但和其他有着共同兴趣爱好的游戏玩家在一起时，他们就好像变了一个人似的，可以侃侃而谈、高谈阔论。其次，要想与青少年手机游戏沉迷者建立良好的沟通关系，必须正确地理解他们，否则不仅矫治难度大，甚至与他们正常沟通的机会都很难获得。最后，对青少年手机游戏沉迷者的评价要客观、适中，不要过度地批评他们，也不要给他们贴上"成瘾"的标签，否则很容易使这一"污名"身份取代其他所有的角色，从而导致对他们的疏远、孤立、排斥、侮辱等会接踵而至。如果是这样的后果，不仅不利于手机游戏沉迷问题的解决，而且会加剧问题的严重性，可能会导致青少年真的坠入手机游戏成瘾的深渊。

第三章　青少年手机游戏沉迷
问题的实证研究

第一节　青少年自尊、社会支持与
手机游戏沉迷的关系研究

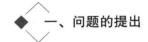 一、问题的提出

随着智能手机的普及，手机成瘾、手机游戏成瘾等逐渐成为一种较为普遍的现象。其实，对于广大青少年群体而言，真正达到成瘾标准的是少数人，大多数人处于成瘾倾向。张芝（2018）的调查表明，大学生中网络成瘾的占10.0%，网络成瘾倾向的占74.7%，网络未成瘾的占15.3%。纵观目前庞大的手机游戏用户群体，青少年用户不在少数，在地铁站、公交站台等公众场所，低头玩手机游戏的青少年比比皆是。实际上，在日常生活中，很多青少年也只是沉迷于手机游戏，并没有严重到能被称为成瘾、依赖的程度。所以，本研究拟采用"沉迷"的说法来定义这一现象，用以精准地描述青少年由于过度沉浸其中而导致的混乱或迷失状态。中央电视台《焦点访谈》节目曾对青少年手机游戏沉迷相关问题做过连续的报道。这进一步表明，青少年群体的手机游戏沉迷问题引起了社会各界的广泛关注。

　　沉迷手机游戏会占据青少年宝贵的时间，对其正常的生活、学习及其身心健康发展都会带来不利的影响。为了预防、控制与干预青少年的手机游戏沉迷，我们有必要了解其形成的心理机制。目前专门针对手机游戏沉迷的研究并不多，但关于手机成瘾与手机游戏成瘾的研究较多，可以作为本研究的理论基础。已有研究表明，人格特质与手机成瘾之间存在相互影响、相互作用的机制（雷雳，2005；杜江红等，2016）；人格特质能正向预测手机成瘾倾向，并能解释后者变异的12%（徐华丽等，2017）。在心理学家看来，拥有自尊是人格成熟的重要标志之一。Armstrong 等（2000）的研究发现，自尊与网络沉迷有显著相关，低自尊者有较高的网络成瘾倾向；自尊对手机社交成瘾有负向预测力（叶娜等，2019）；自尊能显著预测手机成瘾水平（张亚利，2018）。社会支持对维系个体正常的社会生活是必不可少的，与手机游戏成瘾之间的关系也较为密切。崔光辉和田园（2020）的研究发现，具有较低社会支持的群体更容易产生手机游戏成瘾；青少年社会支持对手机游戏成瘾有负向的预测作用（葛续华和祝卓宏，2014）。另外，自尊与社会支持之间也呈显著正相关，并有正向作用（段水莲和梁子漪，2019）。综上所述，自尊与社会支持在对青少年手机游戏沉迷的影响上可能存在着某种心理机制。为进一步了解当前青少年群体自尊、社会支持与手机游戏沉迷的现状及其三者之间的关系，我们于2019 年11 月对在校青少年学生（本书抽取高中生作为调查对象，以下称中学生）进行了调查，主要研究方法与研究结果如下。

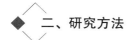

二、研究方法

（一）调查对象

　　从东北某省随机抽取 4 个地级市，每个地级市随机抽取 2 所高中，从每所高中各年级中再整群随机抽取 2 个班，共计 2452 名高中生纳入调查。本次调查共发放问卷 2452 份，回收 2368 份，回收率为 96.57%；获得有效问卷 2307份，有效率为 97.42%；这些高中生年龄在 14 ~ 19 岁，平均年龄（16±1）岁。其中，男生 1234 名（53.49%），女生 1073 名（46.51%）；高一学生 810 名（35.11%），高二学生 792 名（34.33%），高三学生 705 名（30.56%）；农村生源 930 名（40.34%），城镇生源 1377 名（59.66%）；独生子女 1417 名

（61.42%），非独生子女 890 名（38.58%）。

样本量估计方法采用社会调查专家风笑天（2018）提出的公式：$n = \frac{t^2 \cdot p(1-p)}{e^2}$。式中，在 95% 的置信度条件下，$t = 1.96$；$p$ 取 0.5，使总体成数达到最大值；容许的抽样误差 e 控制在 2.0% 以内。最后计算得到有效样本量在 2401 个以上。

（二）调查工具

1. 一般情况调查表

在此次调查中，中学生的一般情况调查采用自行设计的调查表，包括性别、年龄、年级、生源地、是否为独生子女等。

2. 自尊量表

中学生自尊状况调查采用 Rosenberg 编制，王孟成等修订的自尊量表（Rosenberg Self-Esteem Scale，RSES）（戴晓阳等，2014）。该量表共有 10 个题项，采用李克特四点计分法，分数取值范围在 10~40 分，得分越高，表明自尊水平越高。该量表 Cronbach's α 系数为 0.78，重测信度为 0.72。本次调查的 Cronbach's α 系数为 0.76。

3. 青少年社会支持量表

中学生社会支持状况调查采用叶悦妹、戴晓阳等编制的青少年社会支持量表（戴晓阳，2014）。该量表总计 17 个题项，含有主观支持（5 项）、客观支持（6 项）、支持利用度（6 项）3 个维度。社会支持总分为各题项计分之和，反映被试者社会支持总体状况。采用李克特五点计分法，得分越高，表明社会支持状况越好。该量表总的 Cronbach's α 系数为 0.92，分量表 Cronbach's α 系数分别为 0.85、0.81、0.87；验证性因素分析结果显示，RMSEA 为 0.03，NFI、NNFI、CFI 均在 0.90 以上。本次调查的 Cronbach's α 系数为 0.86，各分量表的 Cronbach's α 系数分别为 0.83、0.79 和 0.80。

4. 手机游戏沉迷量表

中学生手机游戏沉迷状况调查采用李羲（2018）编制的手机游戏沉迷量表。该量表包含 20 个题项，分为 4 个维度，即参与时长、参与习惯、戒断反应、态度行为，每个维度各 5 个题项。采用李克特五点计分法，分数取值范围在 20~100 分，得分越高，表明手机游戏沉迷程度越严重。其中，20~39 分为轻度沉迷或不沉迷，40～79分为中度沉迷，80～100分为重度沉迷。本次调查的 Cronbach's α 系数为 0.76，各分量表的 Cronbach's α 系数分别为 0.69、0.68、0.73 和 0.70。

（三）统计分析

本次调查采用 SPSS21.0 软件录入数据、建立数据库，并对数据进行描述性统计、相关分析、回归分析等，中介效应采用 Hayes（2009）编制的 Process 插件作 Bootstrap 法检验，检验水准 α = 0.05。

（四）资料收集

笔者把整理好的问卷上传至问卷星专业调查平台，采用统一的指导语与注意事项。由各班班主任或任课教师在微信群里组织本班学生填写问卷，并负责监督、检查，保证问卷的填写质量。整个测试大约为 20 分钟。

（五）共同方法偏差检验

因为数据来源于同一批被试者，可能会产生共同方法偏差，所以笔者按照周浩和龙立荣（2004）介绍的 Harman 单因素检验法对本研究的调查结果进行了共同方法偏差检验。结果表明，在未经旋转的情况下，共抽取 6 个特征根大于 1 的因子，解释了 65.77% 的变异，其中贡献率最大的公因子解释了 31.55% 的总变异，低于临界值 40%。因此，我们判断本研究中不存在明显的共同方法偏差。

◆　三、研究结果

（一）中学生自尊、社会支持与手机游戏沉迷总体状况

中学生自尊平均得分为（29.01±5.74）分。中学生社会支持各分量表及总分的平均得分如下：主观支持（18.86±3.38）分、客观支持（23.52±4.36）分、支持利用度（21.38±4.25）分，总分（63.75±11.89）分。中学生手机游戏沉迷各分量表及总分的平均得分如下：参与时长（15.96±6.46）分、参与习惯（14.97±6.04）分、戒断反应（14.88±5.62）分、态度行为（15.20±5.57）分，总分为（61.01±19.84）分。按照严重程度划分标准，轻度沉迷或不沉迷者为 664 人（28.78%），中度沉迷者为 1447 人（62.72%），重度沉迷者为 196 人（8.50%），各严重程度分布差异有统计学意义（x^2 = 413.75、$P <$ 0.01）。从得分情况来看，中学生自尊与社会支持得分均高于理论均分，其

中，自尊理论均分为 20 分、$t = 73.12$、$P < 0.01$；社会支持理论均分为 42.5 分、$t = 93.64$、$P < 0.01$。

（二）中学生自尊、社会支持与手机游戏沉迷的相关分析

表 3-1 的结果显示，中学生自尊与手机游戏沉迷各维度及总分均呈显著负相关（r 值分别为 $-0.21 \sim -0.33$，P 值均 < 0.01）；除了参与时长、参与习惯外，社会支持各维度及总分与手机游戏沉迷其他维度及总分呈显著负相关（r 值分别为 $-0.12 \sim -0.28$、P 值均 < 0.01）；自尊与社会支持各维度及总分均呈显著正相关（r 值分别为 $0.11 \sim 0.26$，P 值均 < 0.01）。这表明中学生自尊水平越高，社会支持状况越好，手机游戏沉迷程度越轻。

表 3-1　中学生自尊、社会支持与手机游戏沉迷的相关系数（r 值，$n = 2307$）

变量	自尊	主观支持	客观支持	支持利用度	社会支持	参与时长	参与习惯	戒断反应	态度行为
主观支持	0.16**								
客观支持	0.14**	0.38**							
支持利用度	0.11**	0.41**	0.36**						
社会支持	0.26**	0.45**	0.61**	0.64**					
参与时长	-0.23**	-0.11	-0.10	-0.10	-0.19**				
参与习惯	-0.28**	-0.12**	-0.07	-0.09	-0.15**	0.48**			
戒断反应	-0.22**	-0.12**	-0.20**	-0.23**	-0.14**	0.46**	0.42**		
态度行为	-0.21**	-0.16**	-0.17*	-0.15**	-0.19**	0.47**	0.30**	0.40**	
手机游戏沉迷总分	-0.33**	-0.26**	-0.22*	-0.16**	-0.28*	0.81**	0.74**	0.75**	0.71**

注：**表示 $P < 0.01$。

（三）中学生手机游戏沉迷对自尊、社会支持的回归分析

为了进一步探讨中学生自尊、社会支持与手机游戏沉迷之间的关系，以自尊、社会支持为自变量，以手机游戏沉迷为因变量做多元线性回归分析；同时以自尊为自变量，以社会支持总分为因变量做一元线性回归分析。结果表明，自尊、社会支持各维度与总分均能负向预测手机游戏沉迷（$\beta = -0.21 \sim -1.49$、$t = -2.36 \sim -10.10$、$P < 0.05$ 或 $P < 0.01$），自尊正向预测社会支持总分（$\beta =$

0.19、$t=3.20$、$P<0.01$）（见表3-2）。

表3-2　中学生手机游戏沉迷对自尊与社会支持的回归分析

因变量	预测变量	β	t	sig.	R	R^2	F
手机游戏沉迷	自尊	-1.49	-10.10**	0.000	0.37	0.14	36.37**
	主观支持	-0.80	-4.92**	0.000			
	客观支持	-0.35	-2.75**	0.006			
	支持利用度	-0.21	-2.36*	0.035			
手机游戏沉迷	社会支持	-0.46	-5.52**	0.000	0.28	0.08	30.49**
社会支持	自尊	0.19	3.20**	0.001	0.23	0.05	10.22**

注：* 表示 $P<0.05$，** 表示 $P<0.01$。

（四）中学生社会支持在自尊与手机游戏沉迷之间的中介效应检验

为探讨社会支持、自尊对手机游戏沉迷影响的心理机制，笔者在控制性别与年龄变量之后，以自尊为自变量，以手机游戏沉迷为因变量，分别以社会支持各维度及总分为中介变量进行中介效应检验。具体方法采用 Bootstrap 法，并利用 Hayes（2009）编制的 Process 插件进行检验。结果表明，社会支持各维度及总分在自尊与手机游戏沉迷之间的中介效应均显著，中介效应量分别为 12.80%、11.23%、10.92%、12.83%，并且采用 Bootstrap 法得到的中介效应在95%置信区间均不包含 0（见表3-3）。

表3-3　中学生社会支持在自尊与手机游戏沉迷之间的中介效应检验

自变量	中介变量	间接效应量	Boot 标准误	Boot CI 下限	Boot CI 上限	中介效应量（%）
自尊	主观支持	-0.04	0.03	-0.098	-0.002	12.80
	客观支持	-0.01	0.01	-0.046	-0.008	11.23
	支持利用度	-0.02	0.01	-0.055	-0.001	10.92
	社会支持	-0.07	0.02	-0.133	-0.030	12.83

进一步地，笔者以手机游戏沉迷为因变量，以社会支持为中介变量，采用结构方程模型进行中介效应检验（见表3-4、图3-1）。在模型中加入社会支持这一中介变量之后，中学生自尊对手机游戏沉迷的路径系数仍然显著（$\beta=$

−1.49、P<0.01），同时自尊对社会支持的路径系数显著（$\beta = 0.19$、$P < 0.01$），社会支持对手机游戏沉迷的路径系数显著（$\beta = -0.38$、$P<0.01$）。可见，中学生社会支持在自尊与手机游戏沉迷之间起到了部分中介作用。模型的参数如下：χ^2/df = 4.36、GFI = 0.89、AGFI = 0.90、NFI = 0.91、CFI = 0.93、IFI = 0.86、RMSEA = 0.078。

表3-4　中学生自尊、社会支持对手机游戏沉迷影响的模型拟合指数

χ^2/df	GFI	AGFI	NFI	CFI	IFI	RMSEA
4.36	0.89	0.90	0.91	0.93	0.86	0.078

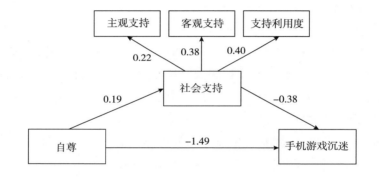

图3-1　自尊在中学生社会支持与手机游戏沉迷之间的中介效应模型

四、讨论与分析

（一）中学生自尊、社会支持与手机游戏沉迷现状分析

本次调查发现，首先，中学生自尊与社会支持总体状况较好，处于中等偏上水平，手机游戏沉迷程度分布不均匀，中度沉迷者占大多数。当代中学生都属于"00"后，成长于国民经济快速发展的背景之下，且大多数都属于独生子女，对自我的重要性、个人的价值以及外貌等方面的认可度较高，所获得的社会支持主观方面与客观方面总体来说均较好。其次，关于中学生手机游戏沉迷的状况不容乐观，应引起有关方面的重视。究其原因，大致有以下三个方面：其一，从内部因素来看，可能和中学生的人格、心理压力等有关。余祖伟

和孙配贞（2012）的研究表明，中学生网络游戏成瘾者大多具有某些特殊的人格特质倾向，这些人格特质与网络游戏成瘾者之间存在相互关联性（闫宏微，2015）。在日常生活与学习中，孤僻、抑郁、内向、自我管理与自我约束能力差的中学生更容易出现手机游戏沉迷现象。同时，中学生普遍面临中考或高考的压力，手机游戏也是其缓解学习压力、逃避现实的一种手段。手机游戏能使中学生暂时忘记学习或生活中的烦恼，沉浸在短暂的快乐之中，从而引发其沉迷，甚至成瘾。其二，从外部因素来看，可能和中学生所处的家庭环境、学校环境、同伴以及其他社会环境有关。李羲（2018）的研究表明，在经济收入较低、家庭结构不完整、父母沉迷手机游戏、简单粗暴与纵容溺爱教养方式等家庭背景下长大的孩子更容易出现手机沉迷现象。另外，如今的手机游戏不再是以往的单机游戏，而是以团队联机游戏居多，同伴的邀请以及同伴间的互相感染会加剧中学生手机游戏沉迷的程度。邹昕胤（2016）的研究显示，中学生同伴的数量与网络游戏的使用时间呈显著正相关。其三，从手机游戏本身所具有的特性来看，它的娱乐性、互动性、挑战性、匿名性等特性也是使中学生沉迷的重要因素。现代的手机游戏在娱乐体验上不再是单一性的，而是多维的、丰富的，综合了小说、影视剧、音乐等功能。以上我们分析了引起中学生手机沉迷的若干因素，对其正确的认识是至关重要的。当然，手机游戏并不是洪水猛兽，除了消极作用之外，还有一些积极作用，但是如果过于沉迷，就会对中学生的生理与心理发展带来一定的危害，所以要及早对手机沉迷现象加以干预、控制与引导。

（二）中学生自尊、社会支持与手机游戏沉迷的关系分析

本次调查结果发现，中学生自尊水平越高，社会支持状况越好，手机游戏沉迷程度越轻；同时，还验证了社会支持在自尊与手机游戏成瘾间的部分作用，即自尊对手机游戏成瘾的影响可以是直接的，也可以通过社会支持的改变而间接影响。自尊作为一种对自身的积极或消极的态度，对个体的生存与发展具有重要意义，大量的实证研究都发现自尊与许多心理变量存在关联。何灿等（2012）的研究显示，低自尊感的个体更需要通过获得能力感与他人的认可来提升自尊。在手机游戏中，中学生可以扮演不同的角色，接受各种具有挑战性的任务，获得虚拟的财富与游戏等级，从而获得对自身能力的认同，满足自身的自尊需求。社会支持作为个体适应周围环境的重要影响因素，可以保护个体

免受压力事件的不良影响（Malecki and Demaray，2002）。高自尊的中学生对自己的评价较为积极，在与他人的交往过程中表现更为主动、自信，更容易赢得他人的认同与好感，所体验到或实际所获得的社会支持较多，不太会产生手机游戏沉迷，或沉迷的程度较轻。而低自尊的中学生对自己的评价较为消极，对自己总是持否定态度，容易产生自卑心理，在与他人交往过程中较为被动，从而造成紧张的人际关系，易遭到他人的否定或拒绝，所体验到或实际获得的社会支持较少，比较容易产生手机游戏沉迷的现象。孙配贞和余祖伟（2014）认为，个体自尊水平不同，就会采取不同的应对方式，最终造成网络游戏沉迷的程度不同。高自尊中学生更多使用社会支持等积极应对方式来处理压力事件，面对手机游戏时更加自律、更能控制。低自尊中学生在现实生活中遇到困难或挫折时，容易过多采用自责、逃避等消极应对方式，较少采用社会支持等积极应对方式，更有可能把压力释放与情绪宣泄的通道转为手机游戏，从而加重游戏沉迷程度。因此，中学生自身要有意识地不断调节自尊水平，改善社会支持状况，这对降低其手机游戏沉迷的程度是十分有利的。

本调查获得的启示，在今后的学习与生活中，教育工作者要鼓励中学生自主选择自己擅长的活动，并给予一定的指导，让中学生能体验到自我价值感，形成积极的自我评价，不断提升其自尊水平；同时，应加强中学生对社会支持的感受与领悟，使中学生能合理有效地利用一切外部资源解决生活与学习中遇到的问题，帮助中学生完善已有的社会支持网络资源，构建多层次、立体化的社会支持系统，最终降低其手机游戏沉迷程度，促进其身心健康发展。

第二节　中学生学业压力、自我控制与手机游戏沉迷的关系研究

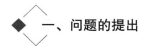 **一、问题的提出**

当前中国的游戏产业发展迅速，加之智能手机的全民化，使手机游戏占据

了人们生活的大多数时间，其中手机游戏因便利性、碎片化和易得性，让人们花费了更多的时间。沉迷手机的用户日益增加，且呈现低龄化，其中青少年更是居多。因此，本研究以青少年学生（初中生和高中生）作为研究对象。

游戏沉迷是以手机为媒介，对游戏产生依赖并引起生理心理或者社会性适应不良的一种沉迷性体验（戴珅懿，2012）。游戏沉迷是从沉浸到成瘾的中间过渡阶段（杨雪，2015），也是当前游戏使用者普遍显露的一种体验状态（刘琬璐，2018）。闫宏微（2015）和靳宇倡等（2019）的研究发现，青少年手机游戏沉迷会严重影响个体身心健康。游戏沉迷受与个体本身相关的人格特质、情绪特质、焦虑特质的影响，人格特质是影响个体手机游戏沉迷的重要变量。王欢等（2014）、陈晶晶和陈浩（2013）、李腾飞和张良（2015）的研究表明，手机游戏沉迷还受与个体本身特质之外的因素的影响，如学校压力、家庭教育方式、社会环境等。世界卫生组织把学业压力描述为"一些学生将学习或生活中的事件看作是挑战性的甚至是威胁性的，并伴随着诸如焦虑、抑郁或恐惧的不良心理反应"（魏华，2014）。学业压力是影响手机游戏沉迷的重要因素，学业压力对青少年手机游戏沉迷具有正向预测作用。学习压力大的学生更容易出现手机游戏沉迷现象（田慧，2019）。自我控制既是心理活动过程，也是意志品质，与人的情绪、认知和行为密切相关。自我控制力越高，掌控时间的能力越强，手机游戏沉迷程度越低，自我控制对手机游戏沉迷具有负向预测作用（王红姣和卢家楣，2004）。自我调控损耗理论认为，压力环境会损耗自我控制资源，对个体自我控制系统产生不利影响。学业压力越大，占据自我控制资源越大，会使自我控制力降低（Baumeister et al.，2007）。学业压力对自我控制有负向预测作用（潘斌等，2016）。

我们由此推测，青少年学业压力会直接影响手机游戏沉迷，学业压力越大，手机游戏沉迷程度越高；同时，学业压力还通过自我控制来影响手机游戏沉迷的程度，即学业压力会通过降低个体自我控制来间接影响手机游戏沉迷的程度，表现出学业压力越大，自我控制水平越低，从而加深了手机游戏沉迷程度。基于上述假设，为进一步了解当前青少年群体学业压力、自我控制与手机游戏沉迷的现状及其三者之间的关系，我们于2020年10月对在校初中生和高中生进行了调查，研究方法和研究结果如下。

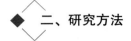

◆ **二、研究方法**

（一）调查对象

从长春、吉林、四平 3 个城市中各随机抽取 1 所学校。考虑到毕业班面临中考或高考的压力较大，为了不影响他们的学习，此次调查我们没有选择初三与高三学生。另外，初一学生刚从小学升上来，很多人还没有手机，所以该年级只有少量被试者参与调查。我们共抽取初一 1 个班级、初二 9 个班级、高一 9 个班级、高二 3 个班级，共计 750 名初中生和高中生纳入问卷调查范围；共发放问卷 750 份，回收问卷 720 份，回收率为 96.00%，获得有效问卷 682 份，有效回收率 94.72%。在有效问卷的被试者中，男生 402 名（58.94%），女生 280 名（41.06%）；年龄在 12~18 岁，平均年龄（14.98±1.20）岁；初一学生 5 名（0.73%），初二学生 280 名（41.06%），高一学生 288 名（42.23%），高二学生 109 名（15.98%）；农村生源 428 名（62.76%），城镇生源 254 名（37.24%）；独生子女 107 名（15.69%），非独生子女 575 名（84.31%）。

（二）调查工具

1. 自行设计调查表

此表用于调查中学生的一般情况，包括性别、年龄、年级、生源地、是否为独生子女等。

2. 手机游戏沉迷问卷

此问卷同第三章第一节中相应的问卷。本次调查的 Cronbach's α 系数为 0.91，各分量表的 Cronbach's α 系数分别为 0.87、0.85、0.82 和 0.90。

3. 中学生学业压力问卷

我们采用徐嘉骏等（2010）编制的"中学生学习压力问卷"调查中学生学习压力现状。该问卷将"学习压力"定义为与学习活动有关的刺激事件引起的心理负担和紧张，包含 4 个维度：父母压力（6 个项目）、自我压力（6 个项目）、教师压力（5 个项目）、社交压力（4 个项目），共 21 个项目；采用李克特五点计分法，1~5 依次表示"很不符合""比较不符合""基本符合""比较符合""完全符合"。各维度得分相加得出学业压力总分，得分越高，表示被试者的学业压力越大。本研究中问卷的 Cronbach's α 系数为 0.79，具有较好的信度。

4. 自我控制问卷

我们采用简氏自我控制量表（Brief Self-control Scale，BSCS）（宋文婷，2018）调查中学生自我控制现状。该量表最早来源于 Tangney 等（2004）编制的总体自我控制量表（Total Self-Control Scale，TSCS），有 93 个题目，采取五点计分法，从"一点都不像我"到"非常像我"分别记 1~5 分，分数越高，代表自我控制水平越好。经过理性和经验的分析，他们最终将题目减少到 36 个；主要包括思维控制、情感控制、冲动控制、执行调整、打破习惯 5 个维度。为了提高测试效率，Tangney 及其团队又编制了简式自我控制量表。该量表一共 13 个题目，其内部一致性系数在两项研究中分别为 0.83、0.85，与总体自我控制量表（36 个题目）的相关度高达 0.93、0.92；间隔三周后的重测信度系数为 0.87。本次调查该量表的 Cronbach's α 值为 0.72，信度基本良好。

（三）调查程序

主试者与助手到 3 所学校，在班主任或任课教师的辅助下，宣读指导语与注意事项之后，当堂对学生发放问卷并督促其认真填写。做完后，当堂收回问卷，测试时间大约为 20 分钟。

（四）统计分析

我们采用 SPSS 26.0 软件对数据进行描述性统计、相关分析、回归分析、t 检验等，检验水准 $\alpha = 0.05$。

（五）共同方法偏差检验

我们使用 Harman 提出的单因素检验法，对三个量表所有题目进行探索性因子分析。结果显示，共提取 13 个因子，第 1 个因子可解释总变异的 16.57%，远低于 40% 的临界值。因此，我们可以认为本研究中不存在严重的共同方法偏差。

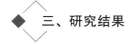

三、研究结果

（一）中学生学业压力、自我控制与手机游戏沉迷现状

中学生学业压力各维度及总分的得分如下：父母压力（18.05±5.22）分、自我压力（18.11±4.41）分、教师压力（12.01±3.81）分、社交压力（10.39

±2.83）分、总分（58.56±11.34）分；自我控制总分（38.42±6.94）分；手机游戏沉迷各维度及总分的得分如下：游戏时长（8.74±3.73）分、游戏习惯（8.29±3.26）分、戒断反应（8.56±3.36）分、态度行为（8.63±3.44）分、总分（34.23±12.14）分。

（二）中学生学业压力、自我控制与手机游戏沉迷在人口学变量上的差异

手机游戏沉迷在性别上表现出显著差异，男生手机游戏沉迷程度远高于女生；自我控制在性别上也有一定差异，男生自我控制力稍高于女生；手机游戏沉迷程度在生源地上表现出显著差异，城镇人口在手机游戏沉迷程度上高于农村人口；学业压力在本次调查的人口统计学变量上没有差别（见表3-5）。

表3-5　不同性别、生源地以及是否为独生子女在各变量上的描述性统计（$n=682$）

	性别	n	统计值	学业压力	自我控制	手机游戏沉迷
性别	女	280		58.30±11.89	37.78±6.90	36.61±12.43
	男	402		58.74±10.96	38.87±6.94	30.81±10.86
			t	0.25	4.08*	39.79**
			p	0.615	0.044	<0.01
生源地	农村	428		57.97±10.71	38.76±6.68	33.41±11.28
	城镇	254		59.55±12.29	37.86±7.33	35.61±13.38
			t	3.11	2.70	5.27*
			p	0.078	0.101	0.022
独生子女	是	107		58.07±12.09	39.59±7.57	35.93±13.23
	否	575		58.65±11.21	38.21±6.80	33.91±11.91
			t	0.24	3.59	2.51
			p	0.625	0.058	0.114

注：*表示 $P<0.05$，**表示 $P<0.01$。

（三）中学生学业压力、自我控制与手机游戏沉迷的相关分析

皮尔逊相关分析的结果表明，中学生学业压力与手机游戏沉迷之间呈正相关（$r=0.26$、$P<0.01$）。学业压力和自我控制之间呈负相关（$r=-0.32$、$P<0.01$）；自我控制和手机游戏沉迷之间呈负相关（$r=-0.34$、$P<0.01$）（见表3-6）。

表3-6　青少年学业压力、自我控制与手机游戏沉迷的相关系数（r 值，$n=682$）

变量	父母压力	自我压力	教师压力	社交压力	游戏时长	游戏习惯	戒断反应	态度行为	游戏沉迷	学业压力
自我压力	0.26**									
教师压力	0.33**	0.20**								
社交压力	0.37**	0.30**	0.32**							
游戏时长	0.15**	0.05	0.17**	0.16**						
游戏习惯	0.21**	0.11**	0.20**	0.15**	0.64**					
戒断反应	0.20**	0.05	0.15**	0.19**	0.67**	0.65**				
态度行为	0.17**	0.05	0.23**	0.20**	0.72**	0.66**	0.66**			
游戏沉迷	0.21**	0.08*	0.22**	0.20**	0.88**	0.84**	0.84**	0.88**		
学业压力	0.76**	0.64**	0.64**	0.64**	0.19**	0.25**	0.21**	0.23**	0.26**	
自我控制	-0.20**	-0.20**	-0.22**	-0.35**	-0.25**	-0.27**	-0.29**	-0.33**	-0.34**	-0.32**

注：* 表示 $P<0.05$，** 表示 $P<0.01$。

（四）中学生自我控制在学业压力与手机游戏沉迷之间的中介效应检验

我们采用 SPSS 26.0 的 Process 插件来检验中介效应。Hayes（2009）认为，如果间接效应的置信区间（CI）不包括0，则可以确定中介效应成立。在中介模型中，将学业压力作为自变量，手机游戏沉迷作为因变量，自我控制作为中介变量。检验结果显示，学业压力对手机游戏沉迷的总效应显著，95%的置信区间为［0.20，0.36］；学业压力通过自我控制对手机游戏沉迷的间接效应显著，95%的置信区间为［0.07，0.14］；学业压力对手机游戏沉迷的直接效应显著，95%的置信区间为［0.10，0.26］。

青少年自我控制在学业压力与手机游戏沉迷之间的中介作用如图3-2所示。学业压力对手机游戏沉迷有显著的正向预测作用（$\beta=0.28$、$P<0.01$）。当加入中介变量自我控制时，学业压力对手机游戏沉迷的预测作用下降，但仍然显著（$\beta=0.18$、$P<0.01$）；同时，学业压力对自我控制表现出显著的负向预测作用（$\beta=-0.21$、$P<0.01$），自我控制对手机游戏沉迷也表现出显著的负向预测作用（$\beta=-0.48$、$P<0.01$）。综上所述，自我控制在学业压力与手机游戏沉迷之间起部分中介作用。

图3-2 青少年自我控制在学业压力与手机游戏沉迷之间的中介作用

◆ 四、讨论与分析

本次研究结果显示，首先，手机游戏沉迷存在性别差异。不同性别对手机游戏的选择存在差异，在需求感满足上有所不同，男生手机游戏沉迷程度显著高于女生，这可能是由男女性格差异导致的。对女孩来说，玩游戏是一种娱乐方式，她们更热衷于探索情感体验和关爱活动；而对于男孩来说，他们更加关注游戏的挑战性，他们更愿意投入更多的时间在手机游戏上（张碧，2019）。所以在涉及手机游戏沉迷干预时，应该考虑性别差异，学校可以纳入适合学生性别特点的课外活动，以此分散学生对手机游戏的过度关注。

其次，手机游戏沉迷存在生源地差异。生源地分布不同，手机游戏接触程度存在差异，不同生源地的学校对手机的控制程度不同，不同生源地的学生对自己的认知以及个体发展规划有所不同：城镇学生平均手机游戏沉迷程度高于农村学生。可能的原因是：一方面，城镇学生能接触手机的机会更多，同时对游戏的了解更全面，某种程度上能刺激他们的挑战欲，进而花费更多的时间在游戏上；另一方面，部分农村家庭的经济条件不好，学生可能背负家人更多的期望，将更多的时间精力放在学习上，不太使用手机（徐畅，2018）。

再次，学业压力与手机游戏沉迷之间存在显著正相关，这与以往研究学业压力与手机游戏成瘾、网络游戏成瘾、手机依赖等呈正相关的结果一致（王胤琦，2019）。这也说明学习压力高的个体更容易出现手机游戏沉迷，这可能是因为青少年在自我同一性发展时期，高度的学业压力会让个体产生疲倦感，很难感受到成功感，从而使青少年把目标投向虚拟的、能获得愉快和成就的游戏世界中，加重了青少年手机游戏沉迷程度（朱传文，2014）。因此，学校、家长以及整个社会应该适当地减轻青少年的学业压力，青少年是个体成长的关键阶段，他们应该更多地去了解世界的全貌，不应一味地唯成绩论。学校可以多培养学生的课余爱好，让学生掌握其他技能，这既能培养学生的兴趣爱好，又可让学生掌握某一谋生技能，让学生最大限度地远离手机游戏。自我控制对手机游戏沉迷具有负向预测作用。自我控制力越高，越能掌控时间，手机游戏沉迷程度越低。根据自我调控损耗理论，压力环境会损耗自我控制资源，对个体自我控制系统产生不利影响。学业压力越大，占据自我控制资源越大，会导致自我控制力降低。学业压力对自我控制有负向预测作用。根据有限自制理论，自我控制类似于肌肉力量，是一种有限的能量，当个体在应对压力时，会消耗自制力，而自制力的消退会导致抽烟喝酒、沉迷游戏等不良行为（谭树华，2008）。

最后，本节运用 Process 插件中介效应检验程序验证了自我控制在学业压力与手机游戏沉迷之间存在部分中介效应，即学业压力对手机游戏沉迷的影响可以是直接的，也可以通过自我控制的改变而间接影响。这说明，学业压力可以通过自我控制来影响个体的手机游戏沉迷程度。一般来说，学业压力越大，个体越难实现自我掌控，从而间接导致手机游戏沉迷。因此，我们一方面应当降低学业压力，另一方面可以提高学生自我控制水平。自我控制能量模型表明，坚持一段时间需要自我控制的行为状态，能够提升个体的自我控制能力（高科等，2012）。通过体育锻炼能够提升个体的自我控制能力（谢静，2013）。因此，学校应上好每一节体育课，督促学生注重身体锻炼。学校可以多开展一些有益身心健康的运动，例如，眼保健操、跑步、打球等。除此之外，积极情绪能够有效抵消自我控制损耗，如自我鼓励和他人鼓励等（江伟，2015），所以保持积极的情绪状态尤为重要。这要求学校、家庭都应关注孩子的身心健康，以积极的情绪去处理问题，正面对待学业压力。

本研究的启示：在今后的学校生活中，教育者应帮助中学生树立对课业量与课业难度等正确的认知，有意识地培养中学生学习的自主性、积极性，通过提升中学生的认知、行为和态度等，并帮助他们采取正确的情绪调节策略，逐渐提升他们的积极情绪调节能力，以此提升其自我控制水平，从而减少青少年手机游戏沉迷现象的发生。

第三节　青少年一般自我效能感、时间管理 倾向与手机游戏沉迷的关系研究

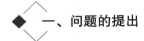 **一、问题的提出**

　　手机游戏沉迷是以手机游戏为对象，以手机游戏提供的拟态环境为介质，以高耐受反应、强戒断反应、强迫性表现、依赖性表现、仪式性表现为特征，不顾危害性后果，对手机游戏表现出心理和行为上的狂迷状态（李義，2018）。沉迷状态不同于成瘾状态，成瘾更多意义上来说是一种消极病态的依赖心理和行为，沉迷状态是一种过分沉浸、迷恋的状态，强调手机与人之间的双向互动，而不仅是人依赖于手机。因此可以将沉迷看作轻度的成瘾。此前的相关研究主要集中在探讨网络和手机成瘾的影响因素上，但随着手机的普及以及手机使用低龄化现象的出现，手机游戏所具有的移动便携性，多元化游戏方式以及丰富的社会交互等特性（拓颖和沈浩，2013）使手机游戏在青少年群体中越来越受欢迎。但由于青少年的手机使用时间受限，大部分达不到成瘾的病态程度，主要出现的是手机游戏沉迷现象。沉迷手机游戏会严重损害青少年的身心健康，危害其人际关系和学习、工作等社会功能的发展。因此，对青少年的手机游戏沉迷的影响因素的探讨有重要的现实意义，也有利于未来对沉迷手机游戏的青少年进行干预。

　　自我效能感由班杜拉首先提出，他把自我效能感定义为个体对自己是否具备达到某一行为水平的能力的判断，是对自己的自信程度和对环境的控制感。① 低自我效能感的个体，缺乏自信心，容易产生逃避心理和依赖行为（邹路琦和陈鹏，2011）。自我效能感通常被认为是一个特定领域的概念，即某个人在某个方面有较高的自信心。国外有许多研究已经证明网络成瘾和自我效能

---

① 菲利普・赖斯. 压力与健康［M］石林，译. 北京：中国轻工业出版社，2000.

之间存在关系，例如，学业自我效能与问题性网络使用之间存在显著的负相关（Hatice，2011）、低自我效能感更容易造成焦虑和网络成瘾（Kim and Davis，2009）。值得注意的是，德国心理学家 Schwarzer 和 Aristi（1997）认为存在一种一般性的自我效能感，并将其定义为个体应对各种不同环境的挑战或面对新事物时的一种总体性的自信心。因此本研究针对网络的特殊性，使用一般自我效能感的概念，来呈现个体对总体环境的控制感。已有研究发现青少年的一般自我效能感和网络成瘾呈负相关（邹路琦和陈鹏，2011），一般自我效能感能够有效地预测网络成瘾（程建伟等，2019；Chen et al.，2020），低自我效能的个体更容易产生网络成瘾行为（曹建琴等，2010）和网络游戏沉迷（Sun et al.，2020），因而自我效能感的提高有利于降低青少年手机游戏沉迷的可能性。

时间管理倾向是指个体对时间的态度、计划和利用等的认知特点，能够表明对时间的态度和观点，以及运用时间的行为特点。通常将其分为时间价值感、时间监控观和时间效能感三个部分。多个研究曾指出时间管理倾向能够负向预测网络成瘾和网络游戏成瘾（董晓玉，2019），因此时间管理倾向和青少年的手机游戏沉迷可能也存在一定的预测关系。此外，黄连秀等（2011）表明时间管理倾向和自我效能感呈显著相关关系，一般自我效能感对时间管理倾向各维度上都具有显著的预测作用（张敏等，2011）。

此前国内手机游戏沉迷的相关研究主要集中在探讨网络成瘾与时间管理倾向或自我效能感的关系上，很少有学者涉足三者间的复杂关系。因此本研究从时间管理倾向，一般自我效能感和手机游戏沉迷三者的关系出发，探讨其中较为复杂的作用机制，从而更有针对性地找出改善青少年手机游戏沉迷的方法，这对青少年的学习与生活都有一定的积极意义。

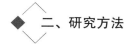

二、研究方法

（一）研究对象

我们采取方便抽样与纸质版问卷线下调查相结合的方式，以江西省、四川省三所中学的中学生为研究对象。抽取其中 750 名学生，共发放 750 份问卷，回收有效问卷 667 份，有效回收率为 88.93%。在有效问卷的被试者中，男生

397 人（59.52%），女生 270 人（40.48%）；城镇学生 307 人（46.03%），农村学生 360 人（53.97%）；独生子女 108 人（16.19%），非独生子女 559 人（83.81%）；初二学生 262 名（39.28%）、高一学生 126 名（18.89%）、高二学生 279 名（41.83%），年龄在 12~19 岁。问卷调查经学校老师同意后在班上统一进行，所有调查对象均为自愿参与且匿名填写问卷。

（二）调查工具

1. 一般自我效能感评定量表

我们采用王才康等（2001）翻译并修订的一般自我效能量表中文版（General Self-Efficacy Scale，GSES）。GSES 具有单维性，总共 10 个问题，采用李克特四点量表计分法，各项目均为 1~4 分。此量表信度较好，重测信度为 0.83，内部一致性系数为 0.87，且因素分析结果显示该量表具有良好的结构效度和预测效度。本次调查研究中量表的内部一致性系数为 0.86。

2. 青少年时间管理倾向量表

我们采用黄希庭和张志杰（2001a）编制的青少年时间管理倾向量表（Adolescence Time Management Disposition Scale，ATMD）调查青少年的时间管理倾向。该量表一共 44 个项目，分 3 个分量表，分别是时间价值感、时间监控观、时间效能感。量表采用五点计分的方式，得分越高代表时间管理倾向水平越高。总量表与各分量表的内部一致性系数在 0.78~0.85，重测信度在 0.71~0.85。该量表的结构效度良好：$\chi^2/df = 3.23$、CFI = 0.92、NFI = 0.96、GFI = 0.93、RMSEA = 0.05。本研究中总量表的 Cronbach's α 系数为 0.93，各分量表的 Cronbach's α 系数分别为 0.80、0.90 和 0.79。

3. 手机游戏沉迷量表

在李羲（2018）编制的大学生手机游戏沉迷量表的基础上，我们重测和修订了适用于测量青少年手机游戏沉迷的量表。该量表分为游戏时长、游戏习惯、戒断反应、态度行为 4 个维度，共 20 个题目，采用李克特五点计分法，分数的取值范围为 20~100 分，明确了手机游戏沉迷的具体量级，其中，20~39 分为轻度沉迷、40~79 分为中度沉迷、80~100 分为重度沉迷。在本研究中，总量表的 Cronbach's α 系数为 0.95，各分量表的 Cronbach's α 系数分别为 0.83、0.78、0.77 和 0.70。

（三）统计分析

我们采用 SPSS 26.0 计算共同方法偏差和变量间的相关系数，采用 AMOS

25.0，运用偏差校正的百分位 Bootstrap 法抽取 5000 个 Bootstrap 样本检验中介效应的显著性。

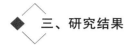 **三、研究结果**

（一）共同方法偏差检验

我们使用 Harman 提出的单因素检验法，对三个量表所有条目进行了探索性因子分析。结果显示，共提取 13 个主成分，第 1 个主成分可解释总变异的 26.09%，小于 40% 的临界值，可以认为本研究不存在严重的共同方法偏差。

（二）青少年一般自我效能感、时间管理倾向与手机游戏沉迷的描述统计

调查结果表明，在不同性别对手机游戏的沉迷上，男生得分（33.65±13.71）、女生得分（28.78±9.20），男生高于女生，并且达到了统计学差异（$t=5.11$、$P<0.01$）；在一般自我效能感上，男生得分（28.11±26.64）、女生（26.64±4.73），男生高于女生，并且达到了统计学差异（$t=3.76$、$P<0.01$）。在时间管理倾向上，男生得分（149.49±28.24）、女生得分（145.79±28.24），差异没有统计学意义（$t=1.76$、$P>0.05$）（见表 3-7）。此外，青少年是否为独生子女在时间管理倾向、一般自我效能感和手机游戏沉迷上的差异没有统计学意义（$t=1.66$、$t=1.54$、$t=-0.84$，$P>0.05$）；生源地在时间管理倾向、一般自我效能感和手机游戏沉迷上的差异也没有统计学意义（$t=0.68$、$t=0.82$、$t=1.04$，$P>0.05$）。

表 3-7 不同性别在各变量上的描述性统计（$n=667$）

性别	n	统计值	手机游戏沉迷	一般自我效能感	时间管理倾向
女	270		28.78±9.20	26.64±4.73	145.79±28.24
男	397		33.65±13.71	28.11±26.64	149.49±28.24
		t	5.11**	3.76**	1.76
		p	0.000	0.000	0.078

注：** 表示 $P<0.01$，* 表示 $P<0.05$。

（三）青少年一般自我效能感、时间管理倾向与手机游戏沉迷相关性分析

表 3-8 是 3 个总量表、手机游戏沉迷量表中 4 个因子以及时间管理倾向量

表中3个因子的相关系数矩阵。相关分析证明，一般自我效能感与手机游戏沉迷呈负相关（$r=-0.122$、$P<0.01$），时间管理倾向与一般自我效能感呈正相关（$r=0.536$、$P<0.01$）。手机游戏沉迷与时间管理倾向呈负相关（$r=-0.333$、$P<0.01$），其与时间价值感、时间监控观和时间效能感三个因子也呈负相关。手机游戏沉迷的三个因子：参与时长、参与习惯以及态度行为与时间管理倾向和一般自我效能感呈显著负相关。

表3-8　一般自我效能感、时间管理倾向与手机游戏沉迷的相关性

变量	1	2	3	4	5	6	7	8	9
1 手机游戏沉迷									
2 一般自我效能感	-0.122**								
3 时间管理倾向	-0.333**	0.536**							
4 时间价值感	-0.219**	0.376**	0.800**						
5 时间监控观	-0.342**	0.530**	0.960**	0.630**					
6 时间效能感	-0.304**	0.512**	0.917**	0.671**	0.842**				
7 参与时长	0.923**	-0.160**	-0.317**	-0.189**	-0.328**	-0.302**			
8 参与习惯	0.884**	-0.089*	-0.282**	-0.212**	-0.284**	-0.243**	0.736**		
9 戒断反应	0.893**	-0.062	-0.290**	-0.192**	-0.299**	-0.262**	0.758**	0.730**	
10 态度行为	0.922**	-0.122**	-0.315**	-0.201**	-0.326**	-0.288**	0.823**	0.756**	0.755**

注：＊＊表示$P<0.01$，＊表示$P<0.05$。

（四）时间管理倾向在一般自我效能感与手机游戏沉迷之间的中介效应检验

我们将时间管理倾向作为中介变量，在一般自我效能感与手机游戏沉迷之间建立结构方程模型，结果显示模型拟合良好，路径系数见图3-3（$\chi^2/df=2.735$、$CFI=0.99$、$TLI=0.99$、$RMSEA=0.05$）。表3-9的结果显示，时间管理倾向通过一般自我效能感对手机游戏沉迷的间接效应为-0.16（$P<0.01$），其95%的置信区间为[-0.21，-0.11]，间接效应显著；一般自我效能感对手机游戏沉迷的直接效应为0.07（$P=0.06$），其95%的置信区间为[-0.01，0.15]，区间包括0，直接效应不显著；总效应为-0.089。此结果表明，时间管理倾向在手机游戏沉迷和一般自我效能感之间起完全中介作用。由于直接效

应（c'）和间接效应（ab）的符号相反，中介效应占总效应的比率为$|ab|/(|c'|+|ab|)$= 100%。

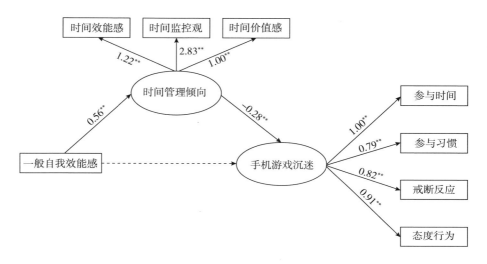

图 3-3　青少年时间管理倾向在一般自我效能感与手机游戏沉迷之间的中介效应

表 3-9　总效应、直接效应、中介效应分解表

效应	Effect	BootSE	BootLLCI	BootULCI	效应占比
时间管理的中介效应	-0.16**	0.03	-0.21	-0.11	100%
直接效应	0.07	0.04	-0.01	0.15	
总效应	-0.089**	0.03	-0.15	-0.03	

注：** 表示 $P<0.01$，* 表示 $P<0.05$。

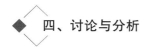 **四、讨论与分析**

（一）青少年手机游戏沉迷的性别差异分析

在本研究中，手机游戏沉迷在性别上存在显著的差异，男生的手机游戏沉迷程度显著高于女生，这与前人在网络游戏成瘾上的研究结果一致（Esposito et al.，2020；Wang et al.，2014）。Li 等（2007）的研究发现，男生对奖赏更加敏感，他们倾向于从游戏中获得更多的回报和奖励。这是男生更容易沉迷游戏的原因之一。此外，相较于女生，青春期的男生更加冲动（Cerniglia et al.，2019），自我控制能力较差，容易沉迷游戏，控制不了游戏时间。当使用手机时，男生倾向于玩游戏，而女生更喜欢使用社交媒体或其他软件（Lin and Yu，2008）。

（二）青少年一般自我效能感、时间管理倾向与手机游戏沉迷的关系分析

本研究发现一般自我效能感、手机游戏沉迷和时间管理倾向总分及其因子分两两之间基本存在显著正相关，这同以往研究的结论基本一致（江君，2011；程建伟等，2019）。但是手机游戏沉迷量表的戒断反应因子与一般自我效能感无显著相关关系。总体来看，时间管理倾向、一般自我效能感和手机游戏沉迷之间存在密切的关系，这也为它们之间做回归分析提供了依据。一般自我效能感能够显著预测手机游戏沉迷，这说明一般自我效能感是控制手机游戏沉迷的重要因素。以往研究也发现，自我效能感低的个体容易产生网络成瘾行为，因此一般自我效能感低的个体容易产生手机游戏沉迷，并且在离开手机游戏后容易出现不良的身心反应，以后则要通过更长的游戏时间才能得到满足（黄思旅和甘怡群，2006）。

（三）时间管理倾向的完全中介作用分析

本研究发现，青少年一般自我效能感对手机游戏沉迷的直接效应不显著，时间管理倾向的中介效应显著。按中介效应检验流程，当系数 c、ab 显著，直接效应 c'不显著时，应按中介效应解释结果（温忠麟和叶宝娟，2014）。因此时间管理倾向在一般效能感和手机游戏沉迷之间起完全中介作用。青少年的一般自我效能感能够对手机游戏沉迷起到预测作用，但这种作用通过时间管理倾向产生。一般自我效能感通过影响时间管理倾向，间接负向影响手机游戏沉迷。这表明一般自我效能感越强的青少年的时间管理能力越好，从而能有效降低手机游戏沉迷的风险。首先，研究结果证明一般自我效能感作为能否胜任任务的主观推断，对时间管理倾向中的三个因子都具有正向预测作用（贾文雅，2010），时间管理倾向中的时间效能感也可以看作自我效能感在时间使用上的心理和行为特征，两者都涉及对时间的运用。由于时间监控观主要是通过设置目标、制订计划等方式来安排时间，因此一般自我效能感在一定程度上制约着时间监控观（李雪平和刘月，2016）。一般来说，具有较高一般自我效能感的青少年会更加重视时间与效率，在时间的安排上也会更合理，这与时间价值感

不谋而合。其次，研究结果显示，时间管理倾向能够负向预测手机游戏沉迷。这是由于时间管理倾向能够有效预测个体对时间的利用水平与管理能力（黄希庭和张志杰，2001b）。善于管理时间的个体在时间统筹和自我控制上往往有更好的能力，而手机游戏沉迷的个体通常自制力较弱、缺乏时间观念、时间管理能力较差。彭红雷和姜旭英（2011）发现，时间管理倾向中的时间效能感对网络成瘾的预测性最强，时间效能感强的青少年更能抵御手机游戏的诱惑。这样就形成了"一般自我效能感→时间管理倾向→手机游戏沉迷"的影响路径。因此，要想让青少年克服手机游戏沉迷就要注重提高青少年的一般自我效能感，使他们对自己更有信心，对管理和控制自己的时间更有把握，对监控自己的时间更加积极主动。

此外，值得一提的是，根据温忠麟等（2004）的观点，当总效应（c）和直接效应（c'）显著时，如果中介效应（ab）和直接效应（c'）的符号相反，那么按遮掩效应进行解释。也就是说，即使开始按中介效应立论，不排除最后要按遮掩效应解释。如果将本研究的一般自我效能感对手机游戏沉迷的直接效应（0.07、$p = 0.064$）解释为边缘显著，由于间接效应（−0.16）和直接效应（0.07）符号相反，总效应就出现了被遮掩的情况，这也能解释总效应的绝对值比预料低的原因，即自变量和因变量的关系被第三个变量遮掩了，当这个变量被纳入回归方程后，自变量对因变量的预测效度就提高了（顾菲菲，2017）。究其原因，时间管理倾向是一把"双刃剑"，如果个体对时间管理的倾向过强，可能造成对自己利用和运筹时间的期望过高，过于相信自己能平衡好玩游戏和学习的时间，反而造成游戏时间的增加，出现一种"过犹不及"的现象。

（四）本研究的不足与展望

本研究的结果与以往研究有相同之处，也有矛盾之处。要通过审慎看待其他研究的结果来了解本研究的不足。首先，由于高三与初三的学生学业紧张，初一学生刚步入学校可能还没有手机，因此本研究仅选取了初二、高一和高二3个年级作为取样对象。值得考虑的是，这三个年级相对来说课余时间较多，也已经适应了中学的学习和生活节奏，有更多的时间玩手机游戏，这可能也会成为他们沉迷手机游戏的原因之一。当升入高年级后，老师和家长对学习时间的要求也会更严格，这会对他们的时间管理倾向和一般自我效能感造成一定影响。因此，未来的研究应该扩大采样的范围和数量，从而解释变量在其他年级群体中可发挥的效用大小。此外，本研究结果主要基于青少年的自我报告数据，缺乏来自老师和家长提供的信息。即使是在匿名问卷中，由于社会赞许性的存在，学生也可能会企图伪装自己，而不透露真实的自我，使自己的态度、行为更加符合学校和社会对他们的要求（徐晟，2014）。未来的研究可以从与青少年相关的其他群体中收集数据以验证已有结果，从而使研究结果更具现实意义。

第四节　中职生无聊倾向、孤独感与手机游戏沉迷的关系研究

 **一、问题的提出**

何婕（2020）和李羲（2018）的研究显示，近70%的中职生每天使用手机大于5小时，其中大部分时间用来娱乐消遣，如玩手机游戏，并对手机游戏表现出沉迷上瘾趋向。手机游戏的过度沉迷甚至成瘾会影响中职生的身心健康，如睡眠质量、进食质量、记忆力和情绪健康等，然而有关中职生手机游戏沉迷领域的研究却很少（Janarthanan and Mark，2019），因此，本研究将探讨中职生手机游戏沉迷的影响因素，为后续预防中职生手机游戏沉迷提供一定的依据。

因为手机游戏沉迷领域的相关研究较少，所以本研究梳理了与手机游戏沉迷的类似变量——网络游戏成瘾、手机依赖两个领域的研究（靳宇倡等，2019；Wang et al.，2019；陈逸健等，2020；魏淑华等，2019），发现高无聊者更容易对游戏等刺激强且容易产生快感的活动产生成瘾体验，例如，网络成瘾、手机成瘾（童媛添等，2019）；孤独感者更容易产生手机依赖（张亚利和李森，2020；付兵红和彭礴，2020），并且孤独感一般作为中介变量进行研究（罗鑫森等，2019；Guo et al.，2020）。研究发现，无聊倾向、孤独感与网络成瘾存在显著相关，无聊和孤独感是网络成瘾的重要预测因素，但是孤独感并不直接导致网络成瘾（Skues et al.，2016）。然而，有研究者使用 Mokken 比例

分析却发现孤独感、抑郁和攻击性可以显著预测网络游戏障碍（Finserås et al.，2019）。

综上所述，无聊倾向、孤独感与网络游戏之间存在一定的关联。然而，没有研究探讨无聊倾向、孤独感与手机游戏沉迷是否存在关联以及存在何种关联。此外，Skues 等（2016）发现，孤独感与网络成瘾之间存在相关性，但没有研究直接表明孤独感是网络成瘾的原因，并且孤独感一般作为中介或者调节变量影响网络成瘾程度（罗鑫森等，2019；Guo et al.，2020）。目前，手机游戏沉迷的研究对象大多集中于大学生，而忽视了中职生这一群体。因此，本研究将探讨无聊倾向、孤独感与手机游戏沉迷之间的关系，以及孤独感是否在无聊倾向与手机游戏之间存在中介效应。为此，本研究提出两个研究假设：①中职生的无聊倾向和孤独感与手机游戏沉迷存在显著正相关；②中职生的孤独感在无聊倾向与手机游戏沉迷之间存在中介效应。

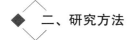

二、研究方法

（一）调查对象

我们采用方便取样的方法，从长春市随机抽取 3 所中职院校，再从每所院校随机抽取 400 名中职生，共计 1200 名学生纳入调查。在问卷星平台上发放问卷，共收回电子问卷 1200 份，剔除无效问卷后共获得有效问卷 1000 份，问卷有效率为 83.00%。在有效问卷的被试者中，男生为 457 名（45.70%），女生为 543 名（54.30%）；农村学生为 753 名（75.30%），城镇学生为 247 名（24.70%）；独生子女为 534 名（53.40%），非独生子女为 466 名（46.60%）。

（二）调查工具

1. 人口学资料调查表

我们采用自编的人口学资料调查表调查中职生的基本情况，包括中职生的性别、生源地、是否为独生子女等人口统计学变量。

2. 手机游戏现状调查表

我们采用由李羲（2008）编制的手机游戏现状调查表调查中职生手机游戏现状，共 20 个条目，包含 4 个部分：游戏参与时长、参与习惯、戒断反应、态度行为 4 个维度；从 1 "总是" 到 5 "没有"，按五点计分法，分数越高，表示沉迷程度越严重。在本研究中，总量表的 Cronbach's α 系数为 0.89，各分量表 Cronbach's α 系数在 0.59~0.75；各维度之间的相关系数 r 在 0.69~0.74，各维度与总分之间的相关系数 r 在 0.85~0.91，各相关系数均在 0.01 的水平上显著。

3. 简版无聊倾向性量表

无聊倾向性量表由 Vodanovich 修订，后由我国学者核对修订形成中文简版（BPS-Short Form，BPS）（Struk 等，2017；李晓敏等，2016a）。中文简版 BPS 由 12 个条目组成，包含两个特征——内部刺激和外部刺激；由 1 "完全不同意" 到 7 "完全同意"，按 7 点计分，其中 7 个条目为反向计分题，总分越高表示无聊体验越深。在本研究中，总量表的 Cronbach's α 系数为 0.75，分量表的 Cronbach's α 系数分别为 0.82、0.83；内外部刺激的相关系数为 -0.29，内外部刺激与总分的相关系数分别为 0.56、0.63，各相关系数均在 0.01 水平显著。

4. 孤独感自评量表

孤独感自评量表（UCLA Loneliness Scale，UCLA-LS）由 Russell 等编制，经过了两次修订（刘红和王洪礼，2012）。本研究采用的是第三版，共 20 个条目，从 1 "从未有感" 到 4 "一直有感"，按四点计分法，并按总分划分为 5 个水平，得分越高孤独水平越高。在本研究中，该量表 Cronbach's α 系数为 0.88。本研究中量表的信度水平较高。

（三）共同方法偏差检验

我们使用 Harman 提出的单因素检验法（周浩和龙立荣，2004），对三个量表所有条目进行探索性因子分析。结果显示，共提取 8 个主成分，第 1 个主成分可解释总变异的 11.11%，小于 40% 的临界值。所以，本研究不存在明显共同方法偏差。

（四）统计分析

我们采用 SPSS 20.0 以及 Process 插件进行统计分析，包括描述性统计、相关分析、t 检验、回归分析、中介效应分析等，置信水平 $\alpha = 0.05$。

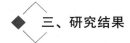 三、研究结果

（一）中职生无聊倾向、孤独感与手机游戏沉迷总体状况

中职生无聊倾向各维度及总分的平均分：内部刺激（24.66±8.13）分，

外部刺激（15.78±7.56）分，总分（40.44±9.36）分；手机游戏沉迷（27.11±7.85）分、孤独感（40.72±10.41）分（见表3-10）。

表3-10　不同性别、生源地以及是否为独生子女在
各变量上的描述性统计（ $n=1000$ ）

	性别	n	统计值	无聊倾向性	孤独感	手机游戏沉迷
性别	女	543		40.11±9.59	40.59±10.81	25.65±6.56
	男	457		40.82±9.07	40.88±9.93	28.85±8.85
			t	−1.19	−0.43	−6.39**
			p	0.236	0.667	0.000
生源地	农村	753		40.88±9.12	41.02±10.25	27.09±7.96
	城市	247		39.07±9.92	39.82±10.87	27.17±7.51
			t	2.66**	1.52	−0.15
			p	0.000	0.129	0.884
独生子女	是	534		40.63±9.35	40.97±10.74	27.45±8.55
	否	466		40.22±9.37	40.44±10.03	26.73±6.95
			t	0.69	0.80	1.47
			p	0.493	0.422	0.141

注：*表示 $P<0.05$ ，**表示 $P<0.01$ ；下同。

（二）中职生无聊倾向、孤独感与手机游戏沉迷的相关分析

中职生手机游戏沉迷、孤独感与无聊倾向各维度及总分之间均存在显著相关。中职生孤独感和手机游戏沉迷之间呈正相关（ $r=0.29$ ），无聊倾向和孤独感之间呈正相关（ $r=0.60$ ），无聊倾向和手机游戏沉迷直接呈正相关（ $r=0.30$ ， P 值均<0.01）（见表3-11）。

表3-11　中职生无聊倾向、孤独感与手机游戏
沉迷描述性统计及相关系数（ $n=1000$ ）

变量	1	2	3	4	5
1　内部刺激	1				
2　外部刺激	−0.29**	1			

续表

变量	1	2	3	4	5
3 无聊倾向	0.63**	0.57**	1		
4 孤独感	0.35**	0.36**	0.60**	1	
5 手机游戏沉迷	0.09**	0.28**	0.30**	0.29**	1

（三）中职生孤独感在无聊倾向与手机游戏沉迷之间的中介效应检验

本研究采用温忠麟等（2004）中介效应检验程序范式，对孤独感在无聊倾向和手机游戏沉迷之间的中介效应进行检验。数据显示，整个模型路径的总效应为0.25，直接效应0.16、间接效应0.09，直接效应比为64%、间接效应比为36%。Bootstrap法得到的中介效应在95%置信区间均不包含0，因此孤独感在无聊倾向和手机游戏沉迷之间存在中介效应（见表3-12）。

表3-12　高职生孤独感在无聊倾向与手机游戏沉迷之间中介效应Bootstrap结果

效应类型	效应值	Boot SE	Bootstrap 95%CI		相对效应占比（%）
			下限	上限	
总效应	0.25	0.02	0.21	0.3	100.00
直接效应	0.16	0.03	0.11	0.22	64.00
间接效应	0.09	0.03	0.61	0.72	36.00

进一步将控制变量纳入中介模型中分析，无聊倾向对孤独感的路径拟合指数 $R^2=0.30$、$F=73.897$、$P<0.001$；无聊倾向对手机游戏沉迷的路径拟合指数 $R^2=0.15$、$F=58.176$、$P<0.01$，模型拟合度均较好。结果显示，无聊倾向对孤独感具有正向预测作用（$\beta=0.66$、$t=23.46$、$P<0.01$），对手机游戏沉迷也具有正向预测作用（$\beta=0.25$、$t=10.03$、$P<0.01$）；当孤独感变量介入无聊倾向对手机游戏沉迷的影响路径时，无聊倾向对手机游戏的预测作用下降（$\beta=0.13$、$t=4.84$、$P<0.01$），但仍具有显著统计学意义。因此，孤独感在无聊倾向与手机游戏沉迷之间存在部分中介作用（见表3-13）。

表 3-13　中职生孤独感在无聊倾向与手机游戏沉迷
之间中介效应模型检验（$n=1000$）

	手机游戏沉迷		孤独感		手机游戏沉迷	
	β	t	β	t	β	t
常数	15.67	15.01**	13.95	11.71**	13.82	12.55**
无聊倾向	0.25	10.03**	0.66	23.46**	0.16	5.25**
孤独感					0.13	4.84**
R^2	0.30		0.36		0.15	
F 值	$F=73.897$**		$F=275.38$**		$F=58.176$**	

四、讨论与分析

本次研究结果显示，首先，男生手机游戏沉迷水平显著高于女生，手机游戏沉迷存在性别差异，这可能是由男女生性格差异导致的，男生比女生更喜欢刺激、激烈的活动和行为（陈逸健等，2020）。因此，在涉及手机游戏沉迷干预时，应当充分考虑性别差异，引导学生参加符合性别差异的实践和娱乐活动。

其次，中职生无聊倾向和孤独感与手机游戏沉迷之间存在显著正相关，这验证了本研究的假设一，同时这和以往无聊倾向与游戏成瘾、手机依赖（成瘾）的研究结果一致（陈逸健等，2020；李雪果和易仲怡，2014；安宏玉，2020），这说明手机游戏沉迷与网络游戏成瘾、手机依赖（成瘾）之间存在某些类似的风险属性。高无聊特质的个体更容易出现手机游戏沉迷，这可能是个体容易将学校学习生活识别为单调重复的机械动作，表现出低的情绪唤起和低动机兴趣，进而将主要兴趣活动转移到可以提供快感和强刺激性的行为活动中，例如，网络成瘾、手机依赖、情绪性进食（童媛添等，2019）。此外，中职生处于自我同一性发展的重要阶段，较为容易出现消极情绪（黄时华等，2010），而消极情绪是网络沉迷的易感性因素之一，个体为了摆脱消极情绪的困扰，容易将自己沉迷于虚拟世界以逃避现实世界带来的消极体验，进而产生手机游戏沉迷等负性行为（安宏玉，2020）。因此，学校应当尽量为学生提供丰富的课外活动，帮助学生消除学习生活的单调感，同时关注学生的心理健康、社交水平，开展一些团体辅导性活动（黄峥等，2010），避免学生因无聊和消极情绪的困扰而沉迷手机游戏。

再次，无聊倾向与孤独感存在中等程度的显著正相关，这与前人的研究结果较为一致（黄时华等，2010；Farmer and Sundberg，1986）。这表明无聊会造成学生的孤独体验，这可能是由于具有无聊倾向的个体对内外刺激感知不强烈（安宏玉，2020），对社交产生逃避，因而产生孤独体验。对此，我们不仅可以通过团体辅导干预（李翠云等，2017），增进学生直接的交流沟通，还可以通过开展体育活动，如足球、篮球等运动，缓解学生的孤独体验与无聊倾向（杨慧，2019）。

最后，本次研究通过 Process 程序验证了中职生孤独感在无聊倾向与手机游戏沉迷之间存在部分中介效应（温忠麟等，2004），这验证了假设二。这说明无聊倾向可以通过孤独感来影响个体的手机游戏沉迷。此外，本次研究结果显示孤独感与手机游戏沉迷呈现较低程度的正相关，这同孤独感与手机成瘾关系的相关研究结果类似（张亚利等，2020），这可能表示两者存在一定的联系。然而，本研究中孤独感与手机游戏沉迷的相关程度偏低，但具有显著统计学意义，这可能是因为手机成瘾涵盖了手机游戏沉迷，所以表现出较低水平的相关性，且在相关程度上存在差异。因此，未来的研究可以考虑区分手机成瘾的内容维度，探索手机成瘾与手机游戏沉迷的内在关系。另外，安宏玉（2020）、黄时华等（2010）的研究发现，无聊的个体在内外刺激不能得到满足时会出现抑郁、焦虑和孤独等负面情绪，这也与本研究的结果较为一致。同时，本研究结果显示当无聊的个体产生孤独感情绪时，更容易导致手机游戏沉迷，这对已往研究做了进一步补充。本研究在梳理文献的过程中还发现自我控制与手机成瘾（武娇，2018）、孤独感（李晓敏等，2016b）、无聊倾向（黄时华等，2010）都存在相关性，所以后续研究可以尝试探讨自我控制与手机游戏沉迷之间的关系。

本研究的启示：学校和教师在对中职生的教育过程中，首先，应当尽量为他们提供丰富的实践活动、多样化体育活动，以缓解他们无聊倾向的产生；其次，应关注中职生的心理健康，提高学生的社交技巧、鼓励面对面的互动、降低中职生的孤独情绪；最后，应关注性别差异，重点关注男中职生的手机游戏沉迷程度，从而降低手机游戏沉迷发生的概率。

第四章 手机游戏的两面性

目前，国内外专家学者认识到游戏对青少年产生了巨大的影响，但对手机游戏的关注点大多聚焦于其负面影响与负面价值，对其持否定或批判态度。其实不然，手机游戏和世界上的万事万物一样，都具有两面性，既具有积极作用，也具有消极作用。我们对待手机游戏，既要看到其消极作用并采取措施加以避免，也要看到其积极作用并运用正确方法加以引导。从多学科视角看待手机游戏对青少年的影响是十分必要的。

第一节 手机游戏的积极作用

手机游戏并不一定给青少年的学习、工作和生活带来的都是负面影响。在游戏过程中，青少年会高度专注，完全参与到游戏场景中，不受外界干扰，并在游戏活动中获得控制的满足感。总体来说，手机游戏在青少年的人际交往、技能学习、压力释放、心流体验、自我认同等方面具有一定的积极作用。

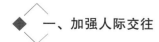 一、加强人际交往

青少年的生活与学习都离不开人际交往，它是青少年生活的重要组成部分。所以，良好的人际交往能力能提高青少年人际关系的质量，对青少年来说是十分重要的，可以说它是青少年社会化的起点。青少年将来要在社会上立

足，要为社会贡献出自己的力量等都离不开人际交往。

手机游戏的出现和发展也产生了一种新的人际传播形式——手机游戏参与者的人际传播（张萌，2015）。手机游戏的魅力不仅在于其逼真的声画效果造就的虚拟现实感、高度的人机互动性，更在于其已经成为现实世界中一个极为重要的工具。在手机与网络诞生以前，人与人之间的交往是直接的"面对面"交流方式。有了网络与手机之后，通过手机游戏搭建的中间媒介平台，就可以实现间接的交流方式，即"人—手机—人"的交流模式，逐渐取代了传统的直接交流。

这种人机对话的网络交际方式，打破了传统的时空观，跨越了地域和空间，把距离和时间缩小到零，实现了形式上的"天涯若比邻"。一些沉迷手机游戏交往的青少年，认为在这样的交往中更容易得到他人的关心和呵护，更容易实现自身价值，得到为人处世的成就感和满足感。有的手机游戏运营商推出"邀请好友试玩""你可能认识的人"等活动，一方面可以充分利用游戏参与者的自身社交网络拓展游戏市场，另一方面让游戏参与者之间的人际联系得到了进一步加强。

由于手机游戏具有匿名性，影响社会交往的个体基本属性如金钱、名誉、地位、容貌、地域、家庭背景等，被剔除与过滤，大家可以平等自由地参与，没有高低富贱之分。这有利于增强游戏参与者的自信、提高其沟通能力、改善其人际关系。在现实世界中，一些性格内向、木讷、沉默寡言、被动、自卑的青少年可能在手机游戏中变得活泼、开朗、主动、自信，甚至还能表现出较强的组织和社交能力。手机游戏帮助他们发掘自身隐藏在内心深处的潜力，重建了他们的自信心，还可以帮助他们改变在现实生活中对人、对事的消极态度。手机游戏给予青少年在网络空间以一种更加开放、大胆的姿态投入虚拟人际交往，根据自己的兴趣、爱好及游戏类型等，快捷、方便地找到"知心好友"，并建立亲密的人际关系。

在21世纪的现代社会中，社会分工越来越精细，人际交往的方式也越来越多样化，这就使团队合作精神成为现代人们工作与交往中非常重要的一个方面。中国自20世纪70年代末实行独生子女政策以来，很多家庭的独生子女在成长过程中缺乏团队合作精神，而手机游戏在一定程度上可以弥补这一缺陷。现在手机游戏除了单机游戏外，更多的是联网游戏。联网游戏除了个人独立参与外，还可以组成团队共同参与。在联网游戏中，参与者需要建立广泛的人际传播，并和其他参与者一起组队共同完成任务。许多参与者因为游戏认识而成为朋友或伴侣。这就需要手机游戏参与者学习如何与他人互动与协作，具有团队精神与意识，这有助于提升参与者的人际交往技巧，增强游戏者的团队合作能力。在手机游戏中，只有团队合作精神得到了充分体现，游戏才能够取得胜利。游戏参与者在线上以游戏交友，在线下还可以组织聚会、旅游等活动进行沟通交流，互相分享自己的游戏经验。手机游戏中的人际互动主要包括聊天、相互打斗、团队合作和物品交易四种形式，游戏中的人际交往对参与者不仅可以起到心灵慰藉作用，还有助于参与者反思其在现实生活中的角色与互动。刘晓岩等（2018）认为，手机游戏不仅可以缓解青少年在学业上和生活中的压力，还能在玩游戏的过程中锻炼其快速反应能力、逻辑思维能力以及团体合作能力等，有助于提升青少年在成长中不可或缺的能力和素质。

在很多游戏中，游戏运营商往往根据参与者所在的地域，将服务器划分为若干个分区。游戏参与者可以选择随意进入某个分区，他们通常都来自同一个地区，地域接近性能够将在游戏中建立的虚拟交往关系延续到现实中来（黄少华等，2015）。虚拟社区是由有共同需要的社会成员组成的一种非地域性的社会形态，虚拟社区能够扩大成员间的互动范围，增强参与者的互动能力，进而形成新的互动模式。

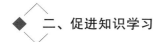

二、促进知识学习

当今的信息网络化时代，提倡终身学习的理念，人们需要不断使自己适应社会的发展和变迁，不断接触新事物、接受新观念和学习新的技术。无论是设计游戏还是玩游戏，都需要对游戏本身有高度的了解，而沉迷手机游戏可以更快地获得游戏的相关知识。手机游戏可以开阔青少年视野，帮助其了解更多的未知领域，促进其学习知识与提升技能。

Barlett 等（2009）对游戏与认知能力之间的关系进行了研究，结果表明，玩游戏能促进游戏参与者认知技能的提升（Barlett et al.，2009）。因为在玩游戏的过程中，一是需要游戏参与者专心、集中注意力、缩短反应时间，以及迅速及时按下游戏键，这可以训练其手眼协调能力；二是需要参与者进行计算，这可以训练其数学能力；三是需要参与者与团队成员沟通与配合，还可以训练参与者的语言能力。Spence 和 Feng（2010）认为，通过手机游戏，个体的记忆包括长期记忆与工作记忆会被激发和提高。其中，长期记忆需要参与者记住游戏的规则，确定游戏相关的信息等；工作记忆需要参与者记住某阶段游戏的具体人物与场景等。Green 和 Bavelier（2010）认为，有些游戏可以在很多方面锻炼人的认知感应，如手机游戏可以提高游戏参与者的空间视觉能力，会对视觉注意力产生影响，游戏要求参与者掌握多个互动的动态变量的复杂操作系统。Durkin 和 Baber（2002）认为，游戏不足以对青少年的学习成绩产生很大的负面影响，甚至可以认为游戏是一种媒介，对青少年的健康与学习成绩有着更广泛的、更具体的积极影响。此外，刘雪琳（2019）认为，手机游戏能够应用到教育领域，可以增强教学的趣味性，产生意想不到的良好教学效果。

手机游戏除了传播很多有趣的游戏内容，还催生了与游戏相关的新职业，如游戏主播。一些游戏主播因为个人魅力，深受青少年的追捧，在网络世界里具有众多的青少年粉丝。这些游戏主播通过网络向青少年普及游戏知识和操作技能，分享自己的游戏心得与体会，在获得职业认同的同时带给了青少年手机游戏群体娱乐放松体验。

◆ 三、获得心流体验

在玩手机游戏的过程中，青少年较为普遍地感受到注意力集中、兴趣及欣快感，能获得较为稳定的心流体验，具体包括高峰体验、沉浸体验、成就感与控制感等。而且，这一体验作为沉浸感的主要内容其结构较为稳定。

首先，手机游戏能使青少年获得高峰体验。高峰体验这个概念最早由美国心理学家马斯洛提出，其本意是指艺术家因内心驱动融入艺术活动当中，获得通畅与愉悦的感受，是个体在生活中最满意、最激动的时刻。青少年在玩自己喜欢的某款手机游戏时，注意力高度集中，在一定时间内不会对其他的人与事物产生知觉，完全被手机游戏所吸引。如果青少年经常乐于且持续不断地从事这种活动，就容易获得令他们十分兴奋的积极感受或情绪体验，即高峰体验。张碧（2019）的研究表明，高峰体验受频率影响，频繁地获得高峰体验可以提高体验的质量，多次获得心流高峰体验的个体具有更积极的体验和较高质量的主观幸福感。高峰体验还能使个体的学习动机更强、效率更高，体验到更低水平的焦虑，能更快地掌握各种技能。另外，在手机游戏沉迷的过程中，随着高峰体验的产生，游戏参与者往往还感受到时间知觉发生了变化。

其次，手机游戏能使青少年产生沉浸式体验。手机游戏中的声音、画面等不同元素主要通过人体的五种感官通道，即视觉、听觉、触觉、嗅觉及味觉发挥作用，使人产生沉浸体验（孟晓辉和欧剑，2011）。手机游戏富有挑战性，挑战和技巧的平衡能够帮助游戏参与者获得沉浸体验。手机游戏设置了不同程度的挑战，与参与者的各等级技巧相对应，当挑战与技巧达到平衡时，参与者获得心灵的高峰体验，感受到沉浸，获得心理满足。杨雪（2015）的研究发现，处于沉浸体验中的个体更容易体验到愉悦感、成就感，自尊水平也更高。在玩手机游戏的过程中，参与者与在游戏中扮演的角色以及游戏内容之间需要紧密结合，产生强烈的身临其境之感，难以割舍。随着游戏的挑战性不断升级，参与者也要随之学习新的技能，才能达到二者的重新平衡，享受沉浸的快感；随着参与者耐受性的增强，他们不再满足于以往水平较低的挑战，会主动追逐更高层次的挑战，为此习得更高技巧，获得更强烈的刺激，产生更高质量的沉浸感。

最后，手机游戏还能给青少年带来虚拟的成就感与控制感，这在一定程度上可以弥补现实生活中的失控感和挫败感。现实生活中，一些青少年遭受挫折、失败、打击，会使其自尊心和自信心受损，这时就需要积极的情绪加以调适，调节其内心感受，帮助其重新建立自信。特别是针对自尊感比较低的青少年，通过在游戏中获得胜利或是找到志同道合的伙伴，可以重获自信。在玩手机游戏的过程中，青少年不断追求自身技能与游戏挑战难度之间的平衡，不断习得新的技能，完成新的挑战，对自身的学习能力与行动能力都会起到促进作用。

◆ 四、释放生活压力

在现代社会中，人们的生活节奏越来越快，生活压力（包括经济压力、工作压力、学业压力等）也越来越大，人与人之间的现实关系也趋于疏远化。通过参与手机游戏，以及参与者之间的人际交流在一定程度上可以缓解现代人的心理压力和生活压力。

对手机游戏参与者而言，游戏冲破了旧有的阈限，达到巴赫金所称的狂欢境界。手机游戏提供了一个滤除身份的过滤器，参与者们抛弃了现实中的各种身份，没有了现实生活中的高低尊卑；同时，在游戏的世界里酝酿出了一个虚拟的身体来产生属于自己的快感，使自己感受到心理上的满足。另外，手机游戏中包含各种各样的元素，如暴力等。如果青少年过多地接触手机游戏中的暴力元素，有可能助长青少年在现实世界中的冲动性、攻击性，甚至会增加犯罪的概率。但这只是问题的一个方面，在另一个方面，可能会产生一些积极作用，我们不能忽略。青少年也可以从手机游戏的暴力等元素中获得快感，这种快感在游戏中满足了青少年的发泄欲，其就会较少地将这种暴力延伸到现实生活中来，从而会减少或降低青少年在现实世界中的冲动型、攻击性与犯罪的概率。

手机游戏以轻松愉快的方式，为参与者营造了一个交流沟通的平台，使游戏参与者能够宣泄情感，缓解不良情绪。一方面，手机游戏的虚拟场景为青少年提供了宣泄情绪的空间，虚拟身份也使青少年获得了行为自由，他们可以在虚拟世界里尽情宣泄不良情绪，有助于他们不在现实场景中失控；另一方面，沉迷游戏带来的愉悦感受可以减轻甚至抵消青少年原本的负面情绪，使其重新获得积极的情绪能量。他们充满好奇心和探索事物的强烈愿望，使他们的接受极限更高。他们通过手机游戏满足丰富多彩的需求，并通过沉迷游戏的虚拟世界来逃避现实生活中的压力、痛苦和烦恼，这让人们潜意识内心未满足的欲望得到舒缓，维护了更多的社会和谐。所以说，手机游戏为参与者提供了一个可以肆意狂欢的虚拟广场，是参与者释放欲望与压力的一个虚拟场所，具有类似社会"安全阀"的缓解作用。

◆ 五、增进自我认同

手机游戏有助于青少年获得自我认同。在参与手机游戏的过程中，青少年可以在不同的游戏中扮演同一个角色，或者在同一游戏中扮演不同的角色，这种多角色扮演能让青少年获得多种角色体验，对青少年自我的认同与塑造大有裨益。

　　手机游戏是在一种虚拟的环境中进行的，游戏参与者很容易就能满足自己的某种欲望，如可以去探索另一个新的自我。手机游戏就像一个巨大的生活演练场，游戏者可以尝试另一种与现实背道而驰的个性，有机会塑造另一个自我。正如杰姆逊所言，在人类所有的欲望下面，隐藏着一个改变自己的愿望。在虚拟的手机游戏中，参与者成功的机会要远远高于现实生活，这种成功的可能性可以使参与者实现自身价值，找到自我，有助于他们全面认识与了解自己，增强自我认同。

　　手机游戏可以拓展青少年建构自我认同的空间。手机游戏消除了物理空间进行界限，在这个脱离现实社会背景的空间中，使具有共同兴趣与爱好的玩伴之间的互相交流成为可能。这使青少年可以在更广阔的范围内发展爱好、构建自我认同；同时，现实与虚拟空间之间不断进行切换，使其在现实社会中遇到开心或挫折时，都可以向有着共享认同的群体进行分享。青少年通过手机游戏进入网络空间，这不仅是一个休闲消费的娱乐场所，而且是一个全新的、与现实空间融合共生的虚拟空间。这进一步拓展了塑造青少年自我认同与行为选择的空间，空间的交融又使青少年可以在更广阔的空间中体验并构建自我认同。

　　手机游戏能使青少年获得虚拟的成就感与尊重感，以便弥补现实世界中的缺憾，更好地获得自我认同。一些青少年在现实生活中体验不到被尊重与自我价值，这使他们在生活中很自卑，没有存在感，找不到生活的意义。而在手机游戏中，青少年可以较为容易地获得虚拟的成就感与尊重感，这可以帮助他们建立自信，更好地结交朋友。无论是网络上还是现实中，当有了更多的话题、交流与生活体验，人们的生活才会更有意义，也能使个体更好地获得自我认同。正是在这个意义上，我们认为在手机游戏所建构的亚文化群体中，孤独的个体不但可以排遣孤独与寂寞，而且可以通过个人努力获得自我认同感。

◆　六、充实闲暇时间

　　随着社会生活节奏日益加快，城市居民的时间碎片化倾向越发严重，手机以其便携性成为满足网民娱乐文化需求的重要方式。现代的人们基本上都是时时刻刻离不开手机，如果在一场聚会中，每个人都在玩自己的手机，毫无互动，那就会显得人情淡漠。但如果大家一起沉浸在同一款手机游戏中，就可以增强互动交流，让社交气氛变得更加和谐。

手机游戏不失为一种解压方式，能丰富人们的业余生活，使闲暇时间更加充实。当人们的空闲时间增加，经常无所事事的时候，就需要某种活动来打发时间，否则会有更多的心理问题出现。手机游戏方便简单，参与者利用手机游戏既可以消磨时间，也可以练习大脑的灵敏性。对比百无聊赖、心情抑郁、状态低迷等时期，在闲暇中玩自己喜爱的手机游戏，以更好的状态应对生活，不失为一种好办法。手机游戏作为一个虚拟空间，人际传播无处不在。游戏中的人际传播要比其他形式的人际传播更加轻松自然，带有一种随意性和娱乐性。这主要是由于参与者间的人际传播建立在对游戏感兴趣的基础之上，没有现实生活中的利益纠葛和牵绊。因此，参与者之间在进行交流和沟通时，就会变得随意和轻松，更容易表达内心真实的想法（薛可和余明阳，2007）。

如今，游戏已经高度普及化了，正在成为随处可见的休闲娱乐方式，游戏也渐渐成为一种职业。对游戏的轻度沉迷有助于获得职业认可，对游戏的自身感受可以提供更多的参考，甚至开创更利于全民娱乐及健康的游戏。游戏获得全民普及与国家认可，在一些方面有其可取之处。任何事物都具有双面性，我们所能做的就是让手机游戏的积极作用与优势得到充分发挥，同时克服或避免其消极作用。

第二节　手机游戏的消极作用

手机和互联网蓬勃发展的时代下，手机游戏作为一种新的娱乐方式，凭借轻操作、碎片化等优势迅速占领了游戏市场，超越客户端游戏和网页游戏，成为游戏行业的核心增长点。青少年对手机游戏兴趣浓厚且难以自制，这种吸引力突破学校教育和家庭教育的藩篱，对青少年的影响巨大，手机游戏成瘾成为影响其学业和身心健康的最大隐患（班珍珍，2019）。

特别是近年来手机游戏产业的快速膨胀导致了一些社会问题，一些社会群体对手机与手机游戏的依赖现象越来越严重，尤其是广大青少年群体。袁宇杰（2018）认为，由于对互联网的过度依赖，人们正常工作、学习和社会生活中产生的负面问题日益突出，游戏依赖不仅危害广大参与者的身心健康，也破坏了游戏产业的健康发展。沉迷手机游戏也有很多危害，会对自身和社会产生很多消极影响。同时，如果在游戏沉迷阶段没有及时得到纠正，甚至会发展到游戏成瘾阶段。青少年是游戏广告的主要目标受众，产生网络游戏成瘾的风险最大（Young，2009）。这些特征决定着青少年群体更容易接受手机游戏这一新兴事物，且更容易受到手机游戏的负面影响。

这将会影响他们各方面的能力和素质的发展，不利于青少年的身心健康（李雪婷等，2020）。重视手机游戏沉迷带来的负面影响，全面了解其作用方式和后果，可以为手机游戏沉迷的预防提供参考。手机游戏对青少年的影响不仅作用于行为层面，而且作用于更深的心理层面，包括价值观、思维方式、潜意识等。

手机游戏沉迷的危害主要表现在以下几个方面：

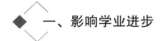

一、影响学业进步

青少年时期是人生发展的重要阶段，其主要任务是学习。学业优异是青少年追求的重要目标之一，学业成绩是青少年学习好坏与否的主要衡量标准。如果青少年长期沉迷手机游戏，势必会影响学业进步。

一方面，沉迷手机游戏会占用青少年大量宝贵的学习时间。一些青少年不能按照正确的规范使用手机游戏，加之青少年缺乏足够的自制力与控制力，使他们无法在长时间内坚持学习。他们过度沉迷手机游戏，甚至废寝忘食，通宵玩手机游戏，破坏了正常的学习秩序，浪费了大量的学习时间，也淡化了学习兴趣，降低了学习效率，弱化了学习动力。同时，把大量的时间消耗在手机游戏中，会使青少年对手机游戏的耐受性增强，玩游戏的时间越来越长，导致青少年根本无心上课，甚至出现旷课、逃学的现象，手机游戏成瘾倾向也越趋明显，甚至坠入手机成瘾的深渊。

另一方面，沉迷者在进行游戏时专注且兴奋，而在脱离游戏后精神萎靡。有研究表明，青少年长时间玩手机游戏，智力会有所退化，出现精力受损、专注力下降、思维迟滞、感受力降低等现象，导致他们对游戏以外的事情很难集中注意力，使他们在课堂上无法专心听讲。长此以往，许多沉迷手机游戏的青少年会逐渐丧失学习能力，学习效率降低，最终导致学习成绩下降。同时，这些后果带给青少年的大多是负面的评价和外来的干预，甚至会为其带来压力或挫折，从而导致其情绪不佳。青少年可能会因此再次转向游戏世界以寻求安慰和逃避学习，最终形成恶性循环。

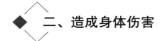

二、造成身体伤害

青少年手机游戏沉迷者一般会花费大量时间和精力在游戏上，离开游戏会觉得无所适从，只有继续游戏才能缓解。这种过度使用游戏的异常行为，会严重地影响其生活质量，对其身体健康带来的伤害也是比较明显的。

首先，青少年会因沉迷手机游戏减少甚至放弃体育锻炼的时间。青少年在工作日都要上课学习，他们玩手机游戏的时间是非常有限的，一般都是利用早晚、中午或节假日才玩，当然不排除上课期间趁老师不注意偷偷玩。他们本来的业余时间就非常有限，如果用于玩手机游戏，体育锻炼的时间就自然少了，所以减少或放弃体育锻炼的时间也是常有的事。为了挤出更多的时间玩手机游戏，有的青少年不按时吃饭，或者一天凑合吃一顿，甚至不吃；还有的青少年在学校住校，为了支付手机游戏的相关费用而节衣缩食，三餐并做两餐，两餐并做一餐，甚至连一餐也不吃，喝水充饥。长此以往，会严重损害其身体健康。

其次，长时间盯着手机屏幕会损害视力与大脑的神经系统。人的眼睛是人体的视觉器官，其主要结构——眼球能够吸收大量的微波。手机一般都会有微量的电磁辐射，如果青少年长期沉迷手机游戏，眼睛内的分子和原子慢慢吸收手机内的电磁辐射，并产生热效应，会使眼睛的晶状体代谢功能下降，长时间就会形成晶核，从而导致白内障，甚至失明。同时，手机游戏者的目光长时间高度集中关注手机屏幕，也极容易引起神经调节紊乱与眼睛泪液分泌量不足，如无法保证眼睛的湿润，就会出现眼睛干涩酸疼、视觉疲劳、闪烁不清、视线模糊等不适。另外，手机游戏与大脑神经系统存在较为密切的关联，近年来，已有研究发现手机游戏也有可能对大脑的神经系统造成伤害。如曹枫林（2007）的研究发现，个体如果长时间地参与刺激性的游戏，会使大脑的中枢神经系统处于高度兴奋状态；而中枢神经系统如果长期处于紧张、兴奋的状态，则容易引起交感神经异常兴奋和肾上腺分泌紊乱，最终会引起一系列复杂的生理和物理化学变化，甚至导致机体功能异化。

最后，手机游戏会使身体免疫功能下降。如果青少年沉迷手机游戏而不注意休息，大脑长期处于高度亢奋状态，会伴随血液加速、心跳加快等症状；睡眠的节律会被打乱，会出现失眠多梦、易激动暴躁、抑郁、头昏眼花、食欲不振、疲乏无力、面容憔悴等现象，从而造成体内激素水平失衡。身体长期处于这种亚健康状态，最终会引起免疫功能下降（王恪，2013）。当疾病袭来时，如果身体抵抗能力下降，那么一场小病可能会久治不愈，甚至引发大病。

◆ 三、损害人际交往

青少年时期的主要任务除了完成学业外，还面临另一项重要任务，那就是社会交往能力的培养和形成。良好的现实人际关系是青少年实现社会化的重要途径。值得注意的是，沉迷手机游戏的青少年，容易忽略与外界的现实交流，他们借助手机网络把自己和外界隔离起来，可能导致他们逃避现实生活中的人际交往，只是通过手机来维持和建立自己的虚拟社交网络。

其一，导致自我封闭。很多沉迷手机游戏的青少年具有自我封闭心理。他们不愿意在现实世界中与人沟通，很少与人讲话。他们并不是无话可说，而是害怕或讨厌与人交谈，前者属于被动型，后者属于主动型。他们只愿意与自己交谈，如玩手机、打游戏，或在游戏的虚拟世界里与其他玩伴交流；他们宁愿独处，以游戏为伴，也不愿选择参加集体活动或与他人一起外出。在与朋友的交际上，他们也更倾向于一起进行游戏而不愿意在现实中会面。当然，青少年的自我封闭并不一定是天然地和手机游戏有关，也有可能与青少年前期遭遇的生活挫折有关，如亲人亡故、父母感情破裂或离婚，或是学业上遭受重大失败等。受到挫折与打击后，加上精神上的压抑，青少年对他人与周围环境逐渐变得敏感与不信任，于是出现回避社会交往的行为。如果青少年后期沉迷上手机游戏，且这些游戏又能暂时排遣这些烦恼与压力，就会加重或强化这一行为。

其二，出现人际交往障碍。沉迷手机游戏的青少年在与老师、同学交往的过程中，往往会出现人际交往障碍。现实世界的人与人之间常常是面对面的直接交往，但对于手机游戏沉迷者而言，主要以网络社会的人机间接交流模式为主，这导致网络虚拟世界和现实世界之间的交往很难做到平衡，甚至无法区别现实世界与网络世界。另外，手机游戏沉迷者的个性特征常常表现得比较独特，如以自我为中心，不尊重他人意见，不合群；嫉妒心强，依赖性强，独立性差；性格偏激，争强好胜，不愿吃亏，不懂得谦让妥协；有时又表现为自卑、退缩等特征（李奎刚和王晨艳，2020）。这些特征会更进一步加深手机游戏沉迷者在现实社会中人际交往的困难与障碍。

其三，难以适应现实人际交往环境。由于沉溺于手机游戏及其网络虚拟环境，青少年手机游戏沉迷者往往会忽视时间的流逝与现实环境的变化，对社会场景的改变不敏感，无法适时做出相应调整。例如，在公共场合他们会觉得局促、无聊、不知所措，认为公共场合不如网络环境中的自然、熟悉、安全，因而无法很好地适应陌生环境，无法与陌生人进行顺利的交流与沟通。他们一有空就只关注手机屏幕，主动减少与客观环境的接触，与他人隔离开来。青少年本来应该广泛接触社会，建立起与家长、老师、同学等的亲密关系。但如今局限在手机游戏世界里，除了接触游戏同伴，基本上断绝了与其他人的联系，与家长、老师、同学等的关系逐渐淡化，不关心他人，对现实社会缺乏足够的了解，在现实生活中适应能力差。于是，一些原本就不善交际的青少年会更加封闭自我，由于缺乏来自外界的支持和激励，其社会交往更加缺乏动力，最终只喜欢待在熟悉的游戏世界里，而不愿待在现实的人际交往环境中。

◆ 四、引起心理失调

心理失调是人们心理异常活动的表现，主要包括心理偏差和心理障碍。手机游戏沉迷极其容易引起明显的心理失调，引起青少年发展性心理障碍，这给学校等场所的思想道德教育提出了更复杂的社会性课题。

手机游戏对手机游戏沉迷者来说就是唯一的"精神寄托"。他们在手机游戏中可以寻求到短暂的安慰与解脱，能获得虚拟的满足感与成就感。但这只是问题的一个方面，另一方面就是手机游戏沉迷会给青少年带来一些心理失调的症状，包括记忆力减退；对生活缺乏热情，觉得做这个事没意思，做那个事也没有意思，漫无目标；性格孤僻、冷漠，社交退缩、木讷偏激，不愿意与人交往，喜欢个人独处；伴随一些消极情绪，对未来悲观失望，自卑等。李挺

（2019）认为，青少年正处于个体品格的塑造阶段，过于沉迷手机游戏可以使他们变得孤独、冷漠与非理性。出现这些心理失调的症状之后，如果青少年在生活中不能对自己进行正确的心理定位，还容易出现各种严重的心理障碍或心理疾病，甚至产生自残、自杀的意念与行为。

手机游戏可以使青少年产生认知偏差，形成偏执心理。在现实生活中，青少年可能会有很多烦恼，并感受到一些压力的存在。如学习成绩不好，经常受到老师与家长的批评与责备；与老师、同学相处不好；或觉得同学与老师帮助自己是在可怜、同情自己等。但在手机游戏中，他们就感受不到这些烦恼与压力的存在。在这个虚拟世界里，他们想要什么就有什么，想干什么就能干什么，想变成什么样的人就能变成什么样的人。虚拟世界可以给他们带来现实世界中得不到的满足与成功，却不用承担任何责任与后果，也不需要考虑其他人的感受与需要。这个虚拟世界与现实世界的巨大反差，会不断强化青少年的偏执与曲解。他们敏感多疑，对所谓的侮辱与伤害耿耿于怀，从来不相信他人的动机与真诚；同时，他们又表现出自负心理，对自己的能力估计过高，归因时趋向于外归因，即把现实生活中遇到的烦恼、挫折都归咎于命运的不公或他人的错误，从而形成偏执心理与归因偏差。

◆ 五、产生道德失范

由于网络具有去中心化、开放性、虚拟化等显著特点，同时游戏世界还没有形成完善的道德规范与法律规范体系，而现实社会的传统道德规范并不适应网络社会环境；再加上青少年的身心发展尚未成熟，自身缺乏社会经验和分辨力，因而容易引起道德弱化与道德失范。主要有以下表现：

首先，去抑制性程度较高。由于网络具有匿名性、即时性、范围广、自由度高等特点，在玩手机游戏时，青少年与人交流是不受现实生活中的道德规则与社会规范的约束的，表现出较高的去抑制性程度。由于网上没有传统社会的人际、法律、道德、舆论等规范的约束，也不需要和其他的玩伴进行面对面的交流，青少年在手机游戏中可以无拘无束，甚至"无法无天"，做出平时不被允许或没有胆量做的行为，如人身攻击、说脏话、撒谎、骂人等，而不用承担任何道德或法律上的责任。中国科学院的一个课题组在北京进行了"互联网对当代青少年的影响调查研究"，结果表明，有 31.4% 的青少年并不认为"网上聊天时撒谎是不道德的"，有 37.4% 的青少年认为"偶尔在网上说说粗话没什么大不了"，还有 24.9% 的青少年认为"在网上做什么都可以无所顾忌"（王恪，2013）。

其次，丧失道德荣辱，导致道德冷漠。由于网络的开放性，一些涉世未深的青少年受到西方道德观念与腐朽生活方式的不良影响，造成道德观念冲突的加剧。同时青少年在手机游戏上过于放纵，失去理想和斗志、放弃追求学习目标、忘记社会责任、丧失道德荣辱。在手机游戏世界里，青少年不需要承担任何义务和责任，可以按照自己的原则说任何话、做任何事。另外，手机游戏一方面拓宽了人们的交往空间，另一方面游戏关系也取代了人与人之间的日常社会交往。青少年终日沉迷手机游戏，使其与他人之间的直接交往机会大幅减少，容易导致青少年责任感下降，带来道德冷漠。伴随而来的是越来越多的道德滑坡、情感冷漠、信仰危机，逐渐从过分依赖手机游戏发展为迷失自我。

最后，出现网络道德失范行为。近些年，网络信息与手机游戏产业发展迅速，造成目前国家的网络立法和道德规范建设发展相对滞后，使网络上一些不良行为处于真空地带，没有法律与道德规范加以约束，从而引发了一些沉迷手机游戏的青少年出现了网络道德失范行为。比如，有的青少年利用网络黑客技术，盗取他人的游戏账号或游戏装备，再倒卖为自己谋利；或者恶意窃取其他用户的个人资料，并加以篡改等。青少年正处于成长阶段，好奇心强，辨别能力差，再加上无拘无束的行为习性，自我约束力下降，面对网上诸多不健康信息难以抵制。有的青少年就禁受不住诱惑，涉足网络色情与网络暴力，甚至跌入网络犯罪的深渊。

◆ 六、致使人格异化

手机游戏沉迷会给青少年带来生理、心理、态度、行为等方面的负面影响，会让原本由于性格缺陷或生活方式失当而沉迷手机游戏的青少年更加封闭，也会让原本性格开朗、生活状态健康的青少年走向亚健康状态，甚至导致人格异化。所谓人格异化是指原有的人格模式不稳定，发生状态变化的过程。

其一，造成一定程度的人格分离。网络是把"双刃剑"：一方面，网络能把世界上的一些事物进行整合，同时网络也能导致个体自我结构的分化。在现实生活中，青少年要实现社会化，其人格也要随之发展完善。要实现人格的发展完善，青少年就要把自己培养成为符合道德要求和社会规范，并能够胜任一定社会角色的社会人。另一方面，手机游戏中的角色扮演、打击特效等会对青少年的感官与心理进行双重刺激，使其得到心理满足。长期沉迷游戏场景，会造成青少年孤僻的、以自我为中心的人格。长此以往，青少年通常会逐渐失去对现实世界的感受能力和社会参与意识，形成软弱、虚幻、孤僻、冷漠的虚拟人格。一旦这种虚拟人格固定下来，就会造成青少年某种程度的人格分离，青少年无法有效地实现现实世界和虚拟世界的社会角色互相转换。即使被动与外界接触，也习惯性地以自我为主，缺乏与人平等交流的能力，容易在人际交往中受挫。当他们感受不到人际交往的快乐，或是在现实交际中受到挫折和打击时，更乐于转向自己能够掌控的游戏世界中寻求安慰和平衡，最终会发生心理变化，如认知狭窄、歪曲、情绪波动，不可控行为以及人格的改变等（李超民，2012）。

其二，容易使青少年形成攻击性人格。现在的手机游戏可以说是良莠不齐，很多游戏具有暴力情节。如果青少年经常接触这些带有攻击性内容的手机游戏，今后在他们需要实现自己的某些目标时，可能会试图采用攻击性手段，这时就表现出攻击性倾向。当然，喜欢玩带有暴力色彩的手机游戏以男性青少年居多，他们认同并强调男子汉应该具有刚毅、果敢、义气、力量、攻击等特征。这些暴力游戏会对青少年产生不良影响，会刺激他们的攻击性、反社会性倾向，降低对他人受苦的敏感性，使之变得冷酷无情。并且，这种影响是潜移默化的，它会渗透到青少年现实生活的人格当中，使他们的生活态度发生很大变化，影响到他们在现实生活中的行为，表现出明显的攻击倾向与反社会行为。

值得注意的是，青少年如果参与手机游戏的时间越长，则参与现实人际交往的机会就越少，因为青少年的时间与精力都是有限的。现实中的人际交往具有可视性，有利于青少年培养亲和力，因而那些参与手机游戏较多的青少年则更容易变得性格孤僻，出现认知失调的现象，或人际情感变得更加淡漠等。同时，基于网络的虚拟性、匿名性等特点，它对人的心理情感、道德认知及行为方式的消极影响也是客观存在的。青少年如果长期过度地迷恋于网络，生活在虚拟的网络环境中，最终可能导致其心理层面的固化与人格的异化。

第三节　树立健康、正确的手机游戏观

前面我们探讨了手机游戏的积极作用和消极作用，任何事物的存在都有其两面性。对于手机游戏，要让它发挥最大化价值，就必须树立健康、正确的手机游戏观，即正确看待和使用手机游戏，对手机游戏要有正确的认识、看法与观点。具体包括：①手机游戏是一种娱乐休闲方式，但不要沉迷；②手机游戏沉迷不是罪恶行为，只是一种个人行为偏差；③手机游戏可以提高动手能力，但需要和其他活动相配合；④手机游戏等娱乐活动须与远大理想相结合。以下我们分别阐述。

◆ 一、手机游戏是一种娱乐休闲方式，但不要沉迷

现如今，人们急需释放压力，需要与他人沟通，而手机游戏是很好的切入点。游戏的意义在于帮助人们放松头脑，以恢复更好的状态去应对生活和工作。随着社会压力的增大，人们不知不觉间把生活寄托在明天与未来，而游戏能让这种幻想成为短暂的现实。人们通过游戏来舒缓自己的心情，或者通过一些智力趣味小游戏来丰富生活。对于青少年而言，可以把手机游戏作为闲暇乐趣，一天学习下来会感到疲倦，适当地玩一下手机游戏，劳逸结合，调剂大脑的神经。所以，手机不失为一种娱乐休闲方式。但是，凡事都有一个度，手机游戏也不例外。子曰，"过犹不及"，意思是做任何事情都要恰如其分、恰到好处，做过头了还不如不做。青少年可以在一定程度、一定范围内适当地玩一下手机游戏，但要有自控能力，不要沉迷手机游戏，否则就会带来不利的影响与不良的后果。

因此，我们要鼓励青少年积极参加学校或自己班级组织的各种团体活动，包括团队夏令营、班会、运动会等。青少年可以借助团体组织的各种活动，进

行广泛的沟通与交流，这也是青少年在学校参加社会实践活动的一种重要形式。在各种团体活动中，青少年不仅能够最大限度地展现自我，而且能培养与训练自己的思维能力及实践能力，从而有利于摆脱对手机游戏的依赖。在业余生活方面，引导青少年培养广泛的兴趣爱好，不断开阔视野、锻炼思维，积极参加有益身心的现实活动。青少年需要认识到，手机游戏只是娱乐休闲方式的一种，体育运动、团体活动、社会交往等活动同样可以起到休闲放松的作用。青少年要有意识地拓宽自己的社会接触面，多读书、多交友，在外界良好的互动环境中释放压力，获得源源不断的生命活力。

值得一提的是，负面的生活事件会让青少年感觉不愉快，产生一些较为明显且持久的消极情绪，这也是导致青少年手机游戏沉迷的重要原因。当负面的生活事件发生以后，青少年一般会感受到心理压抑，迫切需要一种方式或活动来缓解他们心中的苦闷与不适，在此种情况之下，手机游戏基于娱乐性、互动性、心流体验性等特征，便可能成为青少年排解心里压抑的方式之一。所以，青少年在面对负面的生活事件时要注意多与他人交流倾诉，通过与他人的沟通交流转移对手机游戏的诱惑，从交流倾诉的过程中调节自己的心理状态。

◆　二、手机游戏沉迷不是罪恶行为，只是一种个人行为偏差

青少年一旦沉迷手机游戏，也不要过于担心，背负沉重的心理负担，更不用过于自责，产生负罪感。手机游戏沉迷本身并不是危害社会的罪恶行为，而是个人行为偏差的一种表现。青少年首先要树立正确的认知观念，正视且不逃避自身的游戏沉迷行为，就可以为自我调适奠定良好的认知基础。广大教育工作者和家长也要帮助青少年从根本上纠正关于青少年手机游戏沉迷的错误认知，并采取有效的干预对策。

青少年要清楚地认识到，手机游戏沉迷只是一种错误的认识偏差与行为表现。当然，一方面，广大青少年也不要对此有过重的心理负担；另一方面，也不可轻视手机游戏沉迷，因为它毕竟会有一些负面影响。手机游戏沉迷容易使青少年丧失理想信念，失去前进的动力并放弃人生奋斗的目标。为此，我们要不断鼓励青少年树立远大理想，在实现人生远大理想的过程中找寻奋斗的动力，纠正自己的一些偏差认识与行为。同时，青少年还应不断弱化手机游戏沉

迷的动机，有效抵制手机游戏带来的各种诱惑。

同时，青少年要削弱手机游戏带来的成就感。很多青少年沉迷手机游戏就是认为游戏能给他们带来成就感，但这种成就感是虚拟的、暂时的，得来容易失去也是容易。青少年要回归到自我的现实生活，从实现每一个小目标做起，从现实生活中找到获得成就的动机，从目标实现中找到成就感。这种成就感才是真实的、长久的，对青少年的成长是有利的。

三、手机游戏可以提高动手能力，但需要配合其他活动

不可否认，手机游戏可以提高青少年的动手能力。在手机游戏中，青少年需要根据不同性质的任务，完成不同的任务目标，这就要求他们不停地在手机上按键；有的任务时间很短且有严格的时间限制，要求他们眼疾手快；有的青少年玩手机游戏时还需要同时用上两只手，左右开弓。长此以往，这可以训练他们用手的灵活性与敏捷性，对于他们的左右脑开发也有一定的帮助。但是，我们要清醒地认识到，手机游戏虽然有利于培养青少年的动手能力，但它毕竟不是主流的实践活动，而且如果他们意志力薄弱，自我控制能力不强，也很容易沉迷，甚至上瘾，从而产生诸多消极作用。青少年在学校应该多参加各类社会活动，通过参与社会实践来加深对他人与社会的认识，丰富社会阅历。

青少年要培养创造性思维，还要善于动手。动手能力是青少年实践能力的重要体现。手机游戏固然是培养青少年动手能力的一种方式，但鉴于手机游戏的负面作用，除了玩手机游戏外，青少年还可以有多种培养动手能力的。这些方式包括专业技能实操训练，青少年从事的各类社会兼职，学校组织的小发明、小制作比赛等。当然，体育运动也是青少年必不可少的重要活动。一方面，体育运动可以改善青少年的身体机能，加速青少年生理机能的新陈代谢，增强青少年的身体素质。健康的体魄可以为青少年带来自尊感、提升自信心，降低其由于低自尊而进行手机游戏的可能性（许蓝云和陈晓东，2020）。另一方面，体育运动有利于释放不良情绪。青少年在平时生活中积累的焦虑、紧张、压抑等情绪都可以通过体育活动得到释放，客观上减少了其在手机游戏沉迷中寻求放松的机会。此外，体育活动形式丰富、趣味性强，团体活动还可以促进人际合作，让游戏沉迷者感受到人际交往的魅力，有利于摆脱青少年对手

机游戏的沉迷。

 四、手机游戏等娱乐活动须与远大理想相结合

　　手机游戏虽然具有娱乐休闲的功能，可以培养青少年的动手能力等，但不能沉迷其中，这就需要青少年树立远大理想与人生目标，才能加强自我控制，发挥出手机游戏的积极作用，避免或克服其消极作用。青少年只有树立了远大理想，才能合理规划自己的学习生活，科学有效地完成学习任务，才不会虚度光阴；只有具备坚定的理想信念，才能有前进的方向和动力；只有对日常生活充满信念感，才会珍惜时间，为既定目标付出努力，才不会玩物丧志。青少年还需要培育与塑造自己的积极心态，以阳光向上的心态坦然面对生活中的挫折与压力，以积极的行为改善自身处境，从失败中汲取经验教训，以理性平和的态度对待生活中的变化，保持心态和人格的稳定。

　　当然，如果青少年真的从内心深处热爱游戏，并具有一定的游戏天赋，将来也是可以从事与游戏相关的职业，例如，游戏用户体验，游戏软件的设计、开发、推广，打游戏职业比赛，并为团队甚至为国争光。但是，在现阶段，青少年的主要任务还是学习，必须学好文化基础课，为将来从事与游戏相关的职业奠定扎实的理论基础。所以，青少年应该根据自身做出一定的改变，在教师和父母的协助下，经常参与积极健康的文化活动，提高自控能力；与父母进行合理的沟通，及时纾解情绪，学好科学文化知识；在家长与老师的指导下，正确发现并认识自己的潜能与优势，逐步摆脱手机游戏的控制，不要因为手机游戏影响文化知识的学习。

第五章　青少年手机游戏沉迷的
形成因素

青少年手机游戏沉迷的形成因素十分复杂，概括起来，大致可以分为外在因素与内在因素。其中，外在因素主要包括手机游戏的自身特点、游戏开发运营商的市场运作、社会环境因素等；内在因素主要是指青少年的自身因素。下面我们分别进行阐述。

第一节　手机游戏的自身特点

手机游戏具有移动便捷性、匿名虚拟性、即时互动性、高心流体验、时间碎片化及功能多样性等特点。这些特点对青少年具有较强的吸引力，凭借这些特点所带来的魅力使青少年从手机游戏中获得成就感和满足感，不仅能使青少年充分展现自我，还能使其逃避现实压力，得到现实所给不了的愉悦感，这将导致青少年不断参与甚至沉迷手机游戏无法自拔。因此，手机游戏自身的特点是青少年沉迷其中的重要因素之一。

◆ 一、移动便携性

在 20 世纪 90 年代至 21 世纪初期，手机还没有普及，很多人沉迷电脑游戏，甚至成瘾。但电脑游戏的终端主要是台式电脑，也有少数人使用笔记本电脑，需要的硬件设施较多，比较笨重，且受电源、网络的限制，携带起来不太方便，无法满足人们碎片化时间的娱乐要求。近些年来，随着智能手机、无线 wifi 的普及以及手机流量的降费、手机游戏 App 的大量开发，电脑游戏逐渐让位于手机游戏。手机游戏的终端是智能手机，小巧轻便、操作简单，便于携带移动，也不需要电脑那样的复杂操作和高端设备，完全能满足人们碎片化娱乐的需求。所以，手机游戏的这一特点越来越受到成年人也包括青少年的青睐，手机游戏也就越来越流行。但是，手机游戏的这一特点也为青少年沉迷其中埋下了隐患。过去，大多数青少年在家里使用电脑玩游戏还会受到家长的监管与限制，在学校因为没有电脑就玩不成游戏了。但现在只要有手机，家长与教师不在身边，青少年就可以随时随地玩手机游戏，甚至在课间或者课外的碎片时间中都可以玩。而过去来自家庭和学校的监管就失去了作用，出现了"监管盲区"。如果是意志力薄弱、自我控制水平低的青少年，就很容易沉迷手机游戏。

二、匿名虚拟性

与过去的电脑游戏一样，手机游戏也具有匿名虚拟性。在现实生活中，人与人之间的交往会受到种种因素限制，如地域、身份、社会角色、生活压力等的不同，人与人之间的距离也随之增加，人情味没有那么浓厚，甚至表现为冷漠与疏远。而在游戏的世界里，参与者不知道对方的社会地位、身份、年龄、性别，且参与者可以随意扮演不同的角色。这种打破固有思维模式、摆脱社会规范限制的诱惑对自制力较差的青少年很有吸引力，并产生愉悦感。过度迷恋游戏中社会角色带来的刺激感甚至会产生与现实社会角色的冲突，对真实世界的角色行为无所适从。在现实生活的痛苦和游戏世界的愉悦交织下，游戏行为得到强化，青少年就更难以摆脱游戏角色，从此沉迷手机游戏，一发不可收拾。

手机游戏的匿名虚拟性还能给青少年带来一定程度的自由、轻松与安全感。手机游戏的这一特性为青少年构建了一个与现实不同，更为轻松、自由、安全的环境。在这种环境中，青少年能够卸下现实的面具、伪装与重负，将真实的自我融入游戏中。青少年以匿名方式在游戏世界里进行人际互动，同其他参与者结交，挣脱现实地域的限制和束缚。参与者在游戏的"虚拟社区"中暂时摆脱真实生活的束缚，展示真实的自我，在游戏所营造的"超现实"中感受竞技、沟通带来的崭新娱乐体验，进而获得在真实世界中渴望的友谊、关爱和尊重（闫宏微，2015）。另外，手机游戏场景设置也是虚拟的，但这些场景往往又来源于现实中的生活。因此，将这种设定好的情景与现实中的生活场景相结合，会使人们分不清虚拟与现实。长此以往，沉迷于虚拟世界会导致逐渐脱离现实世界。

◆ **三、即时互动性**

即时互动性也是手机游戏的基本特点之一，如果手机游戏没有这一特点，那么就不能称为游戏，只能算是没有互动性的视频、电子书或其他静态的媒体。于涵（2016）认为，即时互动性是衡量一款游戏好坏的重要标准之一，对于游戏参与者来说，游戏的魅力隐藏在其中。手机游戏与其他传统媒介的不同之处主要在于，它可以支持多个参与人员之间互动，即以游戏为平台，将在线的多位参与者联系在一起，参与者之间可以直接互动，这是与传统媒介不一样的新形式。事实上，可以这样说，游戏中参与者之间的交流和现实生活中人与人之间直接的沟通交流十分相似，甚至对于沉迷者来说，游戏中的互动可以完全取代现实中与他人的互动，这也是其他媒介所不能做到的地方。即时互动性赋予了手机游戏前所未有的重要意义，也对广大青少年具有较大的吸引力。

目前，大部分热门手机游戏都可以通过QQ、微信等社交平台登录，参与者在游戏中能够找到自己的线下好友，同好友一起互动玩游戏。在游戏中参与者也能够加入社交团体，如家族和战队等，建立线上的社交关系，在这种关系中得到归属感。互动的即时性主要体现在，在实时的在线游戏中，参与者可以感受到同他人之间的在线对抗与合作。这种在线的互动还会根据游戏内容发生实时变化，从而使参与者不断体验到新鲜感。青少年正处于心理的变动期，身边有着来自各方面的压力，手机游戏的这种即时互动所带来的新鲜感，能让青少年暂时忘记现实生活中的压力和烦恼，并逐步沉迷其中。此外，对于那些在现实生活中存在社交困难的青少年来说，在线互动是他们的"避难所"，通过游戏他们能找到情感归属。

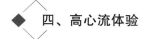

四、高心流体验

心流体验是指个体对某种活动或事物产生浓厚兴趣并完全投入其中的积极情绪体验。希斯赞特米哈伊认为，心流体验的产生必须满足三个条件，即活动有明确的目标、技能和挑战相对平衡与反馈及时。[①] 手机游戏满足了心流体验产生的三个条件：首先，每一款手机游戏都有具体的目标与任务，即目的明确。其次，游戏参与者会根据自身的特长与兴趣在难度与类型上选择适合自己的游戏；达成某种目标本身就具有一定的挑战性，参与者在不断提高游戏技巧的同时，更难的挑战也会随之而来，即技能和挑战相对平衡。最后，每一局游戏结束后，参与者就能马上知道胜负结果，即反馈及时。手机游戏能满足青少年的好奇心与寻求挑战感的心态，他们可以通过完成游戏任务体验到现实生活中遇不到的挑战，带来自我满足与成就感。所以，手机游戏能给青少年带来较高的心流体验。

较高的心流体验容易导致青少年手机游戏沉迷。余强（2007）的研究表明，青少年越是能感受到不同角色的真实体验和乐趣，就越能在游戏中获得满足感；越是受到其他游戏者的推崇和尊敬，就越能在游戏中感受到挑战所带来的成就感，那么他们投向游戏的动机就越强烈，投入的时间和精力就越多，其游戏成瘾的倾向就越高。根据学习理论，游戏沉迷的过程中会出现操作性条件中的正强化作用。正强化是指由于某个刺激物在个体做出某种行为（反应）后出现，从而增强了该行为（反应）发生的概率，该刺激物称为正强化物（谢应宽，2003）。当参与者在玩手机游戏的过程中体验到心流时，心流体验就会成为一种正强化物。参与者会为了获得这种心流体验而多次玩游戏，这种反复的过程很容易使参与者沉迷手机游戏。此外，相对电脑游戏来说，手机游戏拥有视觉、听觉和触觉相结合的体验感。在玩电脑游戏的过程中，可能会有弹框或其他页面的影响，而手机游戏因是全屏游戏，所以干扰因素较少，这避免了由于无关信息的突然出现而导致的青少年分心，进一步促使青少年不知不觉沉迷其中。

---

① 米哈里·希斯赞特米哈伊. 生命的心流［M］. 陈秀娟，译. 北京：中信出版社，2009.

◆ **五、时间碎片化**

随着人们的生活节奏越来越快，人们要求娱乐在时间上具有碎片化的特点，并且希望娱乐方式操作更加简单。比如，在工作、生活、学习闲暇的碎片时间里，人们希望可以不受地点所限随时使用手机玩游戏。手机游戏开发商针对这一要求，将游戏时间设计得较短，对在线时间的要求也更少，从而尽可能地让人们利用碎片时间玩游戏，达到吞噬参与者有效时间的目的。这样的做法有效地吸引了广大游戏者的参与，当然也让更多的游戏参与者沉迷其中。

青少年平时面临繁重的学习任务，在学习之余，他们需要利用碎片化的时间来放松自己紧张的神经，需要有一种能随时随地解闷和愉悦身心的娱乐方式。手机游戏的时间碎片化特性也迎合了青少年的需求。首先，手机游戏往往设计简单，不需要耗费太多的精力，青少年玩游戏时还可以同时做其他事情，相比以往的电脑游戏来说，限制较少。其次，手机游戏的关卡时间设计较短，青少年大部分时间都在学校，玩手机游戏的时间是有限的。这种较短的通关时间能够让青少年充分利用碎片化时间，享受到游戏的愉悦感。最后，由于手机游戏依附社交网络这一载体，青少年可以利用碎片化时间进行社交。这样即使是没有时间完成游戏内容，他们也能因留有游戏玩伴的联系方式，可以下次邀请同一玩伴再次登录游戏接着玩。

◆ **六、功能多样性**

手机游戏所依托的智能手机平台拥有丰富的功能，不仅包含游戏功能，还包含通讯、导航、购物及影视娱乐等功能。随着手机的更新换代以及配置的提高，能够支持高清画面且流畅度高的大型游戏，这使手机游戏拥有与电脑游戏相同的高配置体验，且比电脑更便携。智能手机不断突破传统手机在功能上的限制，为游戏软件的应用提供了智能的运行平台（梁维科，2011）。手机游戏的制作比电脑游戏简单，准入门槛更低，手机游戏的内容和玩法也不断丰富，许多适于碎片化时间玩耍的手机游戏迅速发展。

此外，手机游戏策划者经常浏览论坛和微博等社交网站上的参与者评论，根据参与者的建议，及时更新游戏功能，改进游戏漏洞，改善参与者的体验。目前，手机游戏更新升级速度较快，一般是一星期一更新，而电脑游戏大多更新周期较长，没办法照顾到参与者的实时体验感。在游戏技术上，手机游戏逐渐从过去的 2D 转化为 3D，这种技术的提升加上 VR 游戏眼镜的出现，进一步优化了手机游戏的体验感，使参与者能够身临其境地感受到游戏的具体过程。近年来，随着人们品鉴能力的提升，许多其他的产业在其中某个环节也加入了游戏设计。如今手机游戏的策划不仅涉及游戏程序的开发，还包含人物、原画、艺术感等方面的设计，内容丰富多彩。正是由于上述诸多因素的存在，手机功能越来越多样化，从而使青少年越来越青睐玩手机游戏，甚至沉迷。

第二节　社会环境因素

在现实生活中，社会环境因素中的人际互动关系和社会大环境与青少年手机游戏沉迷之间具有密切的关系。以下我们将主要探讨不同社会环境包括家庭环境、学校环境、同伴群体环境、社会生活环境等因素对青少年手机游戏沉迷的影响。

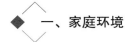

一、家庭环境

俗话说，家庭是孩子成长的摇篮，父母是孩子的第一任教师。家庭环境对青少年手机游戏沉迷的形成具有基础性作用。家庭环境在无形中塑造了青少年的人生观、世界观、价值观以及日常行为习惯等。总体来说，家庭环境的影响主要包括家庭氛围、家庭结构，以及父母的示范作用与教养方式等。

家庭氛围对青少年的心理与行为具有重要影响。一个和睦的、互相尊重、互相理解、在事业和生活上互相支持的家庭，对孩子的性格与行为有积极的影响，孩子会变得更加乐观、开朗、自信活泼、积极向上。一个不和谐的家庭，如经常因家庭琐事吵架，会导致孩子性格内向、暴躁、抑郁、自卑、烦恼、忧愁等。孩子可能会为了摆脱现实的烦恼、逃避现实压力、宣泄消极情绪，而迷上手机游戏。家庭结构也会影响青少年的手机游戏沉迷。李羲（2018）的研究表明，家庭结构不完整以及非父母抚养的青少年更容易出现手机游戏沉迷现象。成长于单亲家庭或是隔代抚养的青少年，以及父母双亡的孤儿，因从小缺少爱与关注，会比一般的青少年承受更大的心理压力，从小没有安全感。当现实生活中无法获取到心理满足和情感支持时，他们就可能转向手机游戏的虚拟世界，在其中寻找慰藉。

美国心理学家班杜拉提出了观察学习与模仿学习理论，认为人类可以通过观察与模仿来进行学习。[①] 父母是儿女早期的重要模仿对象。在现实生活中，我们经常看到，很多手机游戏沉迷的青少年受到了父母亲的影响。平时在家里，他们的父母也是经常抱着手机玩。孩子善于模仿，看见父母在家里玩手机游戏，他们也就跟着玩，认为自己是被允许玩手机游戏的。而且，当父母自己在玩手机游戏时，是不好阻止孩子玩游戏的。如果父母在这种情况下来教育孩子不要玩游戏，这种教育无疑也是无效的。在孩子刚接触手机游戏时，有些父母会不当回事，也无暇顾及。但当发现孩子沉迷游戏而影响学习时，便视手机游戏为洪水猛兽，严禁孩子接触手机。但是孩子并不理解父母这种突然的转变，就会造成亲子矛盾，给青少年进一步沉迷手机游戏的机会。

家庭环境中除了父母的行为示范因素外，父母的教养方式对青少年手机游戏沉迷的影响也不容忽视。曲敏丽和张雨青（2020）的研究发现，心理虐待在父母亲对电子产品干扰和游戏成瘾之间起中介作用。也就是说，父母对电子产品干扰既可以直接影响孩子的游戏成瘾，也可以通过心理虐待间接影响孩子的游戏成瘾。基于手机游戏沉迷与游戏成瘾之间的密切关系，手机游戏沉迷也有可能具有这种关系。王盼等（2006）和董晓玉（2019）的研究表明，游戏成瘾青少年的父母的教养方式与非游戏成瘾青少年的父母相比，更多地表现出的是严厉和惩罚、拒绝和否认，以及过度保护。由此可见，专制型的教养方式比民主型的教养方式更容易让青少年沉迷手机游戏。在专制型的教养方式下，父母对待孩子严厉、简单、粗暴，甚至体罚孩子，这会给孩子带来较大的心理压力，感觉不到父母的温情与家庭的温暖，孩子可能产生逆反心理，迫使他们

① 阿尔伯特·班杜拉. 社会学习心理学 [M]. 郭占基，周国韬，等译. 长春：吉林教育出版社，1988.

到手机游戏的虚拟世界里逃避现实的压力，寻找情感的慰藉与寄托。在民主型的教养方式下，父母对待孩子民主、平等、循循善诱，孩子感受到父母的温情、家庭的温暖，以及民主和谐的家庭氛围，为子女提供了良好成长环境；孩子时刻保持清醒的头脑，逃避现实压力的动机大幅降低，则不太容易沉迷于手机游戏。还有的父母教养方式为纵容溺爱型，对孩子的要求不管是合理的还是不合理的都一律满足，百依百顺、放任不管，如果在孩子玩手机的问题上缺乏有效的监管，那么孩子也容易沉迷手机游戏。

二、学校环境

青少年学习和生活的另一个重要环境就是学校环境。影响青少年手机游戏沉迷的学校环境因素主要包括不良的师生关系、课外活动不多且缺乏吸引力，管理机制过于机械严格等。

张晓林等（2018）的研究表明，师生关系与青少年网络游戏成瘾呈现负相关。也就是说，良好的师生关系即师生之间相互尊重与信任，青少年愿意把更多的时间与精力放在学校的活动与学习上，从而能有效预防青少年的不良行为，包括手机游戏沉迷。不良的师生关系即师生关系疏离与陌生，青少年在学校感受不到人文关怀，当面临手机游戏的诱惑时，更容易沉迷。一些教师为了追求升学率，过于重视学生的成绩与分数，而对学生的心理成长与日常生活比较忽略，长此以往会让学生感受到与教师的心理距离越来越远。处于青春期的青少年比较敏感，如果青少年感受到教师对待学生的差异，就会认为不公平，但他们因为有闭锁心理而不愿意直接和教师沟通交流。这些因素造成了师生关系的淡薄与疏离，对教师失去信任，他们可能就会通过手机游戏来宣泄这些不良情绪。

中学的校园生活除了上课学习外，还有一项重要内容，就是课外活动。课外活动被称为第二课堂，它不仅是第一课堂即教室的延伸与补充，而且还能丰富学生的精神生活，陶冶学生的情操，发展学生的个人兴趣、爱好与特长。但是，一些中小学几乎把所有的时间与精力放在抓学生的成绩与分数上，对学生的课外活动重视程度不够。每年学校组织的课外活动不仅次数少，而且管理比较松散，活动质量不高，不能充分吸引青少年的兴趣，满足不了他们的心理需求，使青少年精神生活较为空虚。在这种情况下，他们就只有通过其他形式来加以弥补，如看电影、上网聊天、玩手机游戏等，如果自控力不强，就容易沉迷上网或是手机游戏。此外，还有的学校在管理机制上过于严格、机械、古板，青少年被削减了学习与生活的自主权，感受不到人文关怀，使青少年产生逆反心理、厌倦心理或放任心态。如果青少年在情感需要的丰富性与满足的有限性之间的矛盾得不到解决，或在现实生活遇到了挫折与困难，他们往往会通过手机游戏的虚拟世界来寻求安慰与情感的寄托。

◆ 三、同伴群体环境

人是社会的人，人的社会属性决定了其不可能脱离群体。青少年也是身处人类群体之中，自然也离不开同伴的影响。美国心理学家哈里斯于 1995 年提出了儿童成长的群体社会化理论。该理论将同伴群体的社会化功能提到了非常重要的位置，甚至超越了家庭（徐轶丽和桑标，2003）。在群体效应的影响下，个体通常对同属一个群体的对象表现出一种偏好，而这种偏好源自群体认同（滕国鹏和金盛华，2015）。对青少年而言，他们身边的主要群体有同学、一起长大的伙伴、手机游戏的玩伴等。基于相似的认知和行为习惯，他们组成一个个群体，并在其中受到群体效应的影响。许阳等（2017）的研究发现，感知校园氛围能够显著负向预测青少年网络游戏成瘾，同时不良同伴在二者关系中起着中介作用。

手机游戏中产生的群体效应最为显著。由于手机游戏具有虚拟匿名性，在游戏中，所有玩伴的真实身份都被隐藏，多个玩伴之间组成一个小群体，大家互相之间统称为队友。他们有着共同的行动目标，即取得游戏胜利，遵守共同的行为准则即游戏规则，享有共同的价值取向，即胜者为王、胜利者即为强者。在游戏情景中，他们分别扮演不同的角色，彼此之间共享集体利益，共同获得认同感、成就感、归属感和集体荣誉感。在这种群体的协同效应之下，同伴的习惯和爱好潜移默化地影响青少年的心理和行为，同伴的邀请和感染不断吸引青少年进入游戏，同伴之间的互相感染还会带来更大规模、更深程度的集体游戏沉迷。

◆　**四、社会生活环境**

影响青少年沉迷手机游戏的社会生活环境因素主要包括大众传媒的不良影响、手机游戏的监管不到位、相关法律法规和制度的不健全等。

大众传媒对手机游戏功能的大肆渲染也是青少年沉迷手机游戏的重要诱因之一。大众传媒包括互联网、电影、电视、广播、报纸、杂志及手机等，作为一种信息和文化传播工具，对青少年这一特殊的受众群体有着不可小觑的影响。一方面，广大青少年群体的思维较为活跃，对新生事物较为敏感，容易接受，对大众传媒信息较为渴望；另一方面，青少年在面对瞬息万变的信息时，有点不知所措，甚至感到迷茫、不知如何辨别真伪。一些媒体过度宣传手机游戏的功能，使青少年只看到手机游戏的优点，简单地认为打手机游戏可以成为生活的一种方式，而没有去考虑它的弊端及可能带来的负面效应。在这种宽松自由的文化环境下，逐渐形成了一种手机游戏的亚文化，这种潮流受到青少年群体的极大追捧（Tham et al.，2020）。青少年阶段是处于追求个性化和埋没于从众心理二者交织的时期，在身心发展中，自我迅速膨胀，想要在同伴中标榜自己的与众不同。游戏设计者抓住青少年这一心理，会不断更新游戏内容和操作方式，满足青少年"特立独行"的要求。青少年具有从众心理，当身边的同伴都在玩手机游戏时，如果青少年不去了解并和同伴一起玩，就会丧失和同伴的行为一致性，一致的团体则会排斥和孤立他。为了避免被排斥和鄙视，青少年往往会选择跟着同伴一同玩，并在其中迷失自我。

目前，中国已经初步建立了网络管理的法律框架，包括国务院发布的《中华人民共和国计算机信息网络国际互联网管理暂行规定》，原文化部发布的《互联网文化管理暂行规定》等。此外，《刑法》和其他有关法律文本也有打击互联网犯罪、保护信息安全等的条款。

应该说，这些法律法规一方面强化了政府对网络使用的管理和监督，另一方面对规范网民的网络行为也起到了积极作用。但是，这些法律法规并不是万能的，也不可能完全覆盖现实中的所有网络行为问题。此外，一些法律法规还存在可操作性不强的问题，亟待未来进一步的健全与完善。目前，在一些手机游戏中，夹杂了大量的黄色、暴力等不良内容，有时在玩手机游戏时，时常会

"蹦"出一些涉黄的图片与信息,这对于心理发育尚未成熟、好奇心强、辨别能力差的青少年来说,具有极强的诱惑力。一些青少年就是因为玩手机游戏的过程中受到了色情内容的诱惑,荒废了学业,导致沉溺其中而不能自拔。对于色情网络犯罪这种新型、隐蔽的犯罪,我国相关法律法规尚不健全,在处理此类案件时遭遇"量刑难"的问题,难以产生足够的震慑力,也就导致这种现象难以根除。近年来,手机游戏产业蓬勃发展,我国出现了庞大的手机游戏用户群,但对群的监管却明显滞后。当前,我国对手机游戏的设计、开发、审核及运营还缺乏一套有效的监督与管理机制,使手机游戏运营商有机会钻法律空子,手机游戏行业出现了非健康运营。游戏的分级制度与防沉迷系统也没有很好地运用到手机游戏产业的监管之中。

第三节 游戏开发运营商的营销策略

手机游戏拥有众多的开发运营商,同时也有庞大的用户群体,这两个特点之间存在相互作用(李天亮,2012)。这些运营开发商纷纷以青少年为目标群体,向青少年提供了高效、快捷的针对性服务,使他们能够充分享受到手机游戏的快感和愉悦,从而吸引了越来越多的青少年加入其中,并为之沉迷。他们盲目追求经济利益最大化,不顾及青少年的身心健康,一味迎合其需求,忽略了社会效益的提升。他们还采取多样化的盈利模式与营销方式,使抵御不了诱惑的青少年不自觉地沉迷其中。下面我们分别对此展开阐述。

◆ 一、以青少年为目标群体

手机游戏开发运营商在制定营销策略的过程中,定位目标群体是十分必要的。他们需要充分考虑游戏参与者在收入、职业、年龄等方面的差异性,以及不同游戏群体的需求、偏好、游戏动机和心理特征等。随着手机的普及率增高,手机游戏参与者的主力也在逐渐向低龄化方向发展。手机游戏碎片化的使用方式使青少年更容易过度使用,青少年成为手机游戏参与者中一个非常有潜力的群体。与电脑游戏相比，手机游戏在青少年中的受众更广。根据《2019年全国未成年人互联网使用情况研究报告》，初中生和高中生网民玩手机游戏的比例达到61.2%和59.2%，中职学生网民达到71.7%。目前，中国手机游戏用户的年龄呈现正态分布，主要集中在18~24岁的年轻群体。因此，青少年逐渐成为手机开发运营商的目标群体，也使越来越多的青少年沉迷手机游戏。

手机游戏开发运营商深刻研究了青少年的心理发展特点与消费特点，并采取了有针对性的营销策略。他们针对青少年的空闲时间，在放假期间设计大型任务及促销活动；在特殊的时间段里，卖出大量的游戏道具，带来短时间的大额利润。通过这种假日的长时间游戏在线以及平时的碎片化时间游戏，吸引了大量青少年参与游戏。他们还针对青少年的消费观念，每月推出游戏道具特价活动，吸引他们购买，达到冲动消费的目的。游戏开发运营商为了留住青少年这一目标群体，还采取了有针对性的方式来挖掘与迎合青少年的游戏心理意识。比如，他们会营造一种游戏中的虚拟平等，从而有效地调动和影响青少年的情绪；增加更多的游戏互动，提升青少年游戏参与者的心理期待。这种虚拟的"平等"正好迎合了青少年群体的心理意识，突破了时空的界限，让青少年产生身份认同感，带给他们全新的体验（燕道成，2014）。在现实生活中，人们需要面对面地接触其他人，而在手机游戏中则无需鉴定对面参与者的现实身份，所有人可以摒弃年龄、性别、职业、地位等客观制约因素，在美好的虚拟世界里与其他参与者平等相处。身在其中的青少年可以放下现实的诸多限制，和不同年龄、地区的参与者互动交流。

游戏开发运营商为青少年提供了能够在同一时间与世界各地不同肤色、不同年龄、不同文化背景的人进行交流的平台。在这个平台中，他们可以一起讨论游戏攻略，向游戏中的好友展现高超的游戏技术，成为受人佩服的"游戏大神"，还能享受自我实现的高峰体验。游戏中还包含一种无序的自由，这也是参与者产生沉迷的原因之一。游戏的设计者会为参与者提供了较高的自由度，现实中的种种限制将会消失。没有来自公共道德和社会常识的约束，游戏的世界里充满了无序性。参与者可以在游戏中扮演与自己相差悬殊的角色，在不同身份和性别的角色中不断切换。游戏开发运营商根据青少年这种追求自由、平等，渴望被肯定的需求做出了游戏任务、情景等的调整，使很多的青少年企图在游戏的世界里满足自己在现实生活中实现不了行为和想法，这也是手机游戏吸引庞大青少年群体的重要原因之一。

二、盲目追求经济利益

社会主义和谐社会要求企业实现经济效益与社会效益的和谐发展。但现实中很多游戏公司盲目追求经济利益最大化，不顾及社会效益，一味迎合青少年的需求，甚至有损他们的身心健康，使越来越多的青少年沉迷手机游戏。目前，很多游戏公司往往以经济利益为中心与前提，制定了手机游戏的精神社会价值观和规范。甚至一些游戏公司为追逐经济利益最大化，不断采用并升级大量诱使玩家成瘾的游戏设定，人为地加深参与者的沉迷程度。游戏公司的这些做法，势必会让游戏参与者沉迷的程度越来越深，并对他们的身心造成伤害。

有的游戏公司将游戏内容设计成充满暴力、惊奇、恐怖等因素的诱惑物，以此来刺激参与者的感官。这些游戏对青少年的身心发展伤害极大，尽管有很多游戏限制未成年的游戏时长，但是有的青少年会通过使用其他成年人身份证的方式来获取无限游戏时长；有的青少年会刷父母的身份证与银行卡，冒充成人参与游戏。青少年从游戏中获得了快感和满足并逐渐沉迷其中，由此给商家带来了直接利益。对于游戏营销商来说，参与者对游戏越沉迷，游戏可盈利的空间就越大。因此，为了进一步吸引更多的游戏参与者，获取更多的利益，他们会不断地开放游戏内容的尺度，强化游戏带给参与者的愉悦感，导致青少年陷入游戏的圈套里，难以脱身，并持续沉迷其中。

三、盈利模式多样化

手机游戏开发运营商为了追求利润最大化采取了多种盈利模式，主要包括下载收费模式、游戏内购消费模式、游戏内置广告推广模式、游戏衍生周边模式等（廖均君和杨澜，2018）。他们往往首先以免费下载为卖点，来吸引新参与者体验游戏。在参与者体验游戏内容和玩法时，凭借多种多样的活动来提升参与者的黏性。当产生了一定数量的固定参与者后，再通过参与者在游戏内的充值消费以及内置广告推广来获得利润。在形成自己独特的游戏文化后，还可以通过售卖游戏周边以及举办线下竞赛的方式来盈利。这种多样化的营销方式令青少年无法拒绝，进而吸引更多的游戏参与者。

手机游戏开发运营商还会根据参与者的年龄和性别来制定价格。针对青少年这一市场，运营商考虑到该群体消费观念不成熟，容易产生感性消费和冲动消费。如果缺乏父母的引导，青少年的自控能力很弱，容易受到大众媒体和身边群体的影响而盲目消费。青少年对商品价钱的高低没有很大的概念，当游戏中出了新颖且充满诱惑力的产品时，他们往往难以控制自己的购买欲望。与现实中单调且价格颇贵的物质商品相比，游戏中虚拟商品更加时尚、富有个性，也相对便宜，因此更易受到狂热追求新奇事物的青少年的追捧，也更满足青少年游戏的需求。有些商家会针对青少年这一特点，推出与其相关的限定活动，激发青少年的购买欲望。性别也是运营商决定价格的因素之一，男性参与者购买游戏道具，被动购买是主要因素，而女性参与者的购买更多的是为了满足视觉体验的需求（蒋泽剑，2020）。因此根据性别的不同，以男性参与者为主的游戏，在制定游戏道具价格时，优先考虑的是道具的使用效果和频次；以女性参与者为主的游戏，则需要优先考虑道具的外观样式。正值青春期的青少年很容易被手机游戏开发运营商为了盈利所设计出的眼花缭乱的营销活动所吸引，一不小心就被游戏运营商"牵着鼻子走"，一步步陷进营销的"泥潭"（周润佳，2018）。

◆ 四、营销方式多样化

手机游戏运营商除了采取多种盈利模式，还实行了多样化的营销方式，具体包括线上营销、线下营销与文化营销等。

所谓线上营销主要是指手机游戏运营商利用互联网进行的营销方式。过去，电脑端游戏运营商多是借助互联网对游戏用户以无差别的方式投放游戏广告。这种投放广告的方式针对性不强，用户的黏性和到达效率也比较低。现在，手机游戏运营商则将传统电脑端游戏营销方式与现代网络社交媒体营销方式相结合（张萌，2015）。首先，他们利用传统的营销方式无差别地投放广告，让更多的潜在游戏用户了解手机游戏，提升游戏影响力。其次，他们借助社交媒体营销这一平台，针对其目标用户群体如青少年，投放针对性较强的游戏广告。为进一步宣传手机游戏，他们还会寻找与相关的知名博主或主播，针对游戏体验和游戏玩法以视频、文字或其他广告形式来拓展用户群体，从而达到提升用户黏性的目的。在获取了一定数量的用户群体后，他们又继续通过社交媒体如微博、论坛等平台来收集游戏参与者的反馈和建议，根据其需求实时更新游戏内容，提升用户的留存率。

线下营销也是手机游戏营销的另一种重要方式（蒋泽剑，2020）。除了线上宣传外，手机游戏开发运营商在营销时还会定期开展传统的线下活动，如在运营商周边的地区售卖手机游戏产品，进行线下售卖的季度比赛等。这种线下营销方式虽然比较传统，但不可否认，也有它的优势。通过这种方式，手机游戏潜在用户能够目睹游戏的趣味性和娱乐性，可以进一步留住老的游戏参与者群体，同时，还能吸引新的游戏参与者。为了加大线下营销的力度，有些手机游戏还会在发布前，邀请当红明星来代言游戏，利用名人效应与名人光环来提高游戏的曝光率和话题度。因为很多青少年具有偶像崇拜情结，这些活动能够对他们产生较强的影响。

近年来，手机游戏运营商推出了一种新的营销方式，即文化营销。与传统的市场营销策略相比，文化营销能够更好地适应消费者不断提升的需求层次，特别是精神与文化方面的需求（黄俊杰，2017）。中国的文化源远流长，手机游戏如果将文化传播作为载体，将中国文化同手机游戏相结合，将具有极高的文化价值，更容易被中国的游戏参与者接受和认同，从而增强游戏营销传播的效果。通过文化营销的方式能够将不同的文化因素渗透到手机游戏的营销过程中，让产品和营销具备了文化色彩（李沂和裴旭东，2015）。正是文化这种不可量化性赋予了游戏营销新的生命，这不是简单的模仿和单调的设计，而是结合文化特色来满足参与者的复杂心理和多变的消费需求。如腾讯公司的手机游戏王者荣耀中，添加了大量中国特色的传统文化。该游戏内容涵盖了中国漫长的文化历史，将中国文化中的历史神话故事、传统诗词、戏剧、服饰等元素与游戏内容相结合（郭白璐，2020）。这种营销方式对爱好中国古典文学的青少年特别有吸引力。

第四节　青少年自身的因素

前文我们主要讨论了青少年手机游戏沉迷的外部原因。尽管手机游戏本身的吸引力十分强大，社会环境中给予的支持较多，游戏开发商采取了有效的营销策略，但在现代生活中并不是每一位青少年都会沉迷手机游戏。只要青少年自身保持高度自制力和清醒的头脑，平衡好游戏与学习、生活的时间，就不会陷入游戏中而无法自拔，这也表明青少年沉迷手机游戏还和自身因素有关。下面我们就这些自身因素做进一步探讨。

◆　一、青春期特点

青少年正处于儿童向成年人过渡的青春期，是人体快速生长发育的关键时期，也是继出生后的第一年外，另一个生长发育的高峰时期。在这一时期，不仅在生理上有身体外形、内脏机能和性的成熟三类变化，在心理上也有十分显著的变化。

处于青春期的青少年的生理变化会引起心理上的变化，容易产生逆反心理。他们的个性发展具有主观片面性，他们渴望成长，希望获得成人的某些权利，但是因为种种制约，会使其产生挫折感，同时又听不进他人的劝告，这使青少年容易产生逆反心理。有的父母对孩子的管教方式存在不当，也容易促使孩子形成逆反心理，如把手机游戏视为洪水猛兽，不让孩子接触手机，不允许孩子玩手机游戏。处于青春期的青少年独立意识越来越强，他们迫切希望能像大人一样按照自己的意愿做事情，他们渴望他人可以把自己当作成人来尊重和理解；他们渴望亲身体验这个世界，用自己的标准来衡量是非曲直；他们不再愿意接受父母和教师的过多照顾与干预，不愿意听从家长的意见，不希望父母过多管教他们。青春期又是情绪、情感变化最猛烈的时期，他们的情绪非常丰富和不稳定，情绪敏感、压抑、暴躁，对手机游戏的理性判断与自我控制能力远远不够。

处于青春期的青少年还具有闭锁心理。他们的内心世界逐渐变得复杂，他们开始不轻易地表露内心世界。他们常常不愿意对家长或老师诉说心里话，但他们愿意向同龄、同性别的人，特别是知己，暴露其真正的想法。而手机游戏的玩伴通常是同龄、同性别的，自然容易成为他们倾诉的对象，但这些玩伴是以手机游戏为联系纽带的，否则也难以互相沟通与交流。美国心理学家埃里克森认为，处于青春期的青少年会产生自我同一性和角色混乱的冲突。这个时期的青少年需要完成自我同一性确立的心理任务，即建立好自己在别人眼中的良好形象，以及处理好情感归属。如果不能达到自我同一性的确认，青少年就可能面临角色混乱的危机。为此，青少年往往通过手机游戏中的虚拟世界来建立一种积极的自我认同感，并从中得到自我实现。在手机游戏里，游戏玩家往往需要通过很多关卡，完成很多任务。而每次过一个关卡或者完成一个任务，那就意味着游戏玩家要打败竞争对手，这会使青少年收获愉悦感、幸福感和自我成就感，这有利于青少年认同自我价值，完成自我同一性确立的心理任务。

◆ 二、心理压力

当代青少年面临的心理压力有很多，包括学习压力、生活压力、人际交往压力、自我认知压力等。青少年身心发展尚未成熟，抗压能力是比较弱的，在面对学业和生活上的打击时，会产生很强的失落感或一些不良情绪，会让他们产生厌烦或厌倦心理。针对这些压力，他们不知道该如何排解自己的负面情绪，所采取的应对方式大多是消极的，其中，玩手机游戏甚至沉迷手机游戏成为他们逃避和退缩的一种方式。余丽（2017）的研究发现，青少年的压力性生活事件与网络游戏成瘾呈显著正相关，青少年的压力性生活事件越多，越容易产生网络游戏成瘾；同时，他还发现应对方式在二者关系中具有中介作用。与之相类似，压力性生活事件也可以直接导致青少年手机游戏沉迷，也可以通过增加消极的应对方式，间接提高青少年手机游戏沉迷的风险。

学业压力也是青少年沉迷手机游戏的因素之一。关于这一点，近些年的相关研究结果可以证明。已有研究表明，青少年所体验到的学业压力与游戏成瘾之间呈显著正相关，即青少年在学业上的压力越大，他们手机游戏成瘾的可能性也就越大。现如今，父母望子成龙、望女成凤的心理越来越严重，对子女的期望较高；而学校为了追求较高的升学率，对青少年学生也有较为严格的要求与过高的期望，这些都会给青少年学生带来较高的学业压力。也就是说，处于中学阶段的青少年需要面对来自中考和高考的双重压力，在这些压力之下，一些青少年为了缓解心理压力，往往会选择沉迷手机游戏来放松或麻痹自己的神经；同时，青少年还会改变自己的归因方式，不会认为是自己成绩不好、能力不够，而是因为别的原因等。

来自农村或城市困难家庭的青少年，因家庭经济条件较差，可能体会到较大的生活压力。与其他同学相比，自己平时的零花钱、穿着打扮、学习用品如果跟不上，就会产生自卑心理，难免会有不知所措之感，难以融入群体之中。建立与完善人际关系也是青少年社会化的重要内容。青少年需要处理的人际关系包括师生之间、同学之间、同伴之间，以及个人与班级、学校之间的关系等。良好的人际关系能使青少年乐观、自信、开朗，促进其学习与生活；不良的人际关系会使青少年感到不自信、自责甚至自卑。青少年身心健康成长还需要对自己的行为与心理状态具有正确的认知。站在自我的角度看待自身难免会有偏颇，而要客观地给自己一个准确的定位也是比较困难的。这里存在矛盾，即最了解自己的人应该是自己，最不了解自己的人可能也是自己。

不少青少年由于学习压力大、家庭经济困难、人际关系紧张、自我认知出现偏差等原因，在现实生活中感到失意、心理负担重，于是他们为逃避这些压力而寻找解脱的方式，手机游戏是最好的选择，这一种娱乐方式对他们就会有极大的吸引力。面对心理冲突和生活挫折，青少年借助手机游戏来暂时逃避责任与压力，这正是一种对生活压力的消极应对，以达到自我保护的目的。这种"安慰剂"和"麻醉剂"使青少年日渐沉迷于手机游戏之中，在游戏中的拼杀以及闯关能够填补他们生活中的空虚和无奈，起码在这些短暂而虚幻的时间里，他们获得了极大的愉悦感，周遭的压力仿佛都已经消失，但这终究只是没有未来的恶性循环。通过玩手机游戏，青少年可以暂时忘却学习压力与生活中的困难，能获得游戏玩伴的鼓励、理解、宽容、支持、钦佩、赞扬、尊重等，这能使他们获得虚拟的自信心与被尊重感。而一旦回到现实生活，学习的困难、生活的不顺利等问题又会击垮他们脆弱的自信心，于是他们只好再次进入手机游戏中寻找虚拟的成功。如此反复，最终就会导致青少年沉迷手机游戏而不能自拔。

◆ 三、游戏动机

青少年沉迷手机游戏离不开游戏动机的驱动，具体包括寻求情感慰藉，满足娱乐、好胜、好奇心理，以及自我实现的需要等。青少年正值情感丰富的青春期，他们渴望友谊与同龄人之间的沟通与交流。特别是一些性格内向、人际交往困难，且家庭生活缺少幸福感的青少年更是对情感交流充满了渴望。手机游戏给了他们寻求情感慰藉的机会，在这种状态下，很容易迷上游戏给他们带来的虚拟满足感。从手机游戏的既往研究中可知，很多青少年把手机游戏看作一种娱乐的方式，用于打发无聊的时间。现实生活中，他们通常被学习和生活压力所羁绊，生活中缺乏有趣和多样的活动。手机游戏给他们提供了放松和娱乐方式，在即时的奖励机制中，他们获得了快乐和满足。但这也埋下了隐患，如果青少年不能把控好度，在对比平淡生活和丰富多样的游戏生活后，就会倍感失落和不满，从而进一步沉迷手机游戏，迷失自我。

处于青春期的青少年独立意识较强，具有好胜心，渴望自己的价值与能力得到充分的体现。当他们在现实生活中不能满足这种好胜心理时，就会到手机游戏中寻找。很多手机游戏具有挑战性与赌博性，这对于好胜心强的青少年来说有很大诱惑力。在游戏中，青少年不断地闯关掠地，战胜竞争对手，获得升级、计分的奖励，极大地满足了他们的好胜心与成就感。游戏世界的虚拟成功容易使青少年为之着迷，欲罢不能。青少年正处于求知的黄金时期，他们对新事物敏感，具有猎奇心理，主观上有着强烈的好奇心与求知欲望，而丰富多彩的游戏世界对他们充满了吸引力。那些混杂着新奇与刺激的游戏情景，很容易使青少年沉浸其中，迷失自我，忘记在线时间，甚至忘记真实生活。

青少年手机游戏沉迷源于一些心理需要得不到满足。周莉和姜刘贝（2020）认为，青少年沉迷游戏可能反映的是某种心理需要的缺失，是个体心理发展的"结果"。从过度补偿的观点来看，如果一个人在身体或心理方面存在某种欠缺，就会引起相应的过度补偿行为。在现实生活中，如果青少年总是体验到失败，他们就会尝试从其他方面来寻求成功的补偿，手机游戏在成为失败避难所的同时，也成为补偿成功的工具。手机游戏可以通过最简单的方式满足青少年的成就需要，使他们体验到成功的喜悦与快感。它能提供现实生活中青少年从家长、老师与同伴那里得不到的社会支持；它能给予青少年交朋结友的社交环境，无需面对面的交流，即可以进行社交沟通；他们可以在游戏的互动中加入某个团体，并从中获得归属感和认可感。对自我的掌控感也是青少年时期一种很重要的心理需要。青少年渴望能够主宰自己的学习与生活，而不是受控于其他人。由于有些父母常常在生活、学习上事无巨细地"照顾"孩子，导致孩子的自我掌控感得不到满足，孩子常常想摆脱父母的控制，甚至会产生逆反心理，而手机游戏能在一定程度上满足他们的这种心理需求。所以，一些青少年为了满足这些心理需要，获得更多的心理体验，从而沉迷于手机游戏。

马斯洛的需求层次理论认为，自我实现是最高层次的需求，个体在人生的每个阶段都有自我实现的需求。自我实现的需求是人的最高人性动机和欲望，本质在于人性的充分体现，是人的一种潜能，是天赋、才能的充分体现，也就是一个人越来越成为独特的那个人（郑剑虹和黄希庭，2004）。因此只要个体的潜力得到发挥，那么他的自我实现的需求就能得到满足。然而事实上，很多青少年的需要没有得到充分的满足，在学习上和生活上的一些潜能由于来自社会和家庭的限制而无法发挥出来。手机游戏作为一种虚拟游戏，为青少年构建了一个虚拟世界。当青少年在现实世界里难以达到自我实现时，他们就可能转向手机游戏的虚拟世界。在这种想象的自我构造中，建立一个新的自我身份。这种世界不同于存在种种限制的现实生活，游戏参与者拥有充分的自由度来对新的自我身份进行赋值，并满足其需要。参与者在游戏中可能会经历高峰体验，达到一种喜悦和兴奋的状态，进而体验到前所未有的自信。

◆ 四、人格特质

人格，指一个人的整个精神面貌，即具有一定倾向性的心理特征的总和。庞勇和何明升（2005）认为，人格特质与网络游戏成瘾之间存在选择性的亲和。与之类似，青少年的人格特质与手机游戏沉迷之间可能存在某种选择性亲和。一方面并不是某种特定的人格特质对应手机游戏沉迷，另一方面也不是所有的特定人格特质都会导致手机游戏沉迷。而是青少年人格特质与手机游戏沉迷之间可能存在着相互作用、相互影响、相互制约的机制。从一定意义上说，某些特定的人格特质可能是手机游戏沉迷的根本动力，是这些特定的人格特质导致了青少年手机游戏沉迷的发生；同时，手机成瘾倾向的发展及程度的加深又强化了这些特定的人格特质发展。

张国华和雷雳（2015）的研究认为，大五人格中的宜人性维度和谨慎性维度均与网络游戏成瘾呈显著负相关，且能够反向预测网络游戏成瘾。即宜人性和谨慎性分数越高的个体，越不太可能出现网络游戏成瘾。也就是说，宜人性和谨慎性两种人格特质可能有助于抑制青少年手机游戏沉迷的倾向。高谨慎性的青少年拥有更强的自律性，他们的行为方式更为谨慎和克制，且生活学习更有条理，具有较强的自我控制和延迟满足的能力。这种责任感高、自律性强的特点，使他们即使在体验到了玩游戏带来的满足感和愉悦感后，也能够很好地控制自己的行为，不屈服于外界的诱惑。高宜人性的青少年可能在现实生活中就拥有良好的社交关系，况且，他们本身的游戏目的是进行线上人际交往而非玩游戏本身，这也使高宜人性的青少年不容易沉迷手机游戏。

余强（2007）、张国华和雷雳（2015）的研究发现，人格中的神经质或情绪性维度与网络游戏成瘾具有显著的正相关，即情绪越不稳定的个体，网络游戏成瘾的可能性越大。神经质反映的是个体情绪稳定性的差异，高神经质的个体容易产生社交焦虑和孤独感，感知社会支持的能力较差。通常比较容易感受到不悦的情绪，比较容易存在与他人情感上的问题，常常被情绪低落所困扰，因此手机游戏中的社交恰好能满足他们对爱与归属的需求，并容易因此而依赖于手机游戏。冲动性是一种忽视可能存在的消极后果，对刺激做出快速且无计划的反应倾向（Moeller et al.，2001）。Gentile等（2011）的研究也发现，冲动性是青少年成为病理性游戏参与者的危险因素之一。

郑雪（2004）认为，精神质的个体一般喜欢独处，不关心他人，难以适应外部环境。具有精神质的青少年不太善于与人沟通，在人际交往中往往存在一定的障碍，总是担心他人会给自己负面评价，从而回避或逃避一些必要的社交场合。同时，他们的自我评价较低，甚至会自卑，在面临当前的学习等压力时，很可能就会选择手机游戏，寻找排解自己压抑、孤独的场所，宣泄自己的不良情绪。通过手机游戏的各种平台，青少年可以找到在现实生活中不易找到的倾诉对象，从而能满足现实生活中缺失的尊重感、归属感、成就感等心理需要，对手机游戏也就越来越沉迷。美国心理学家拉森和巴斯认为，精神质得分高的人，嗜好新奇与不寻常的事物，为追求新异会完全忽视危险的存在。[①]青少年正处于青春年华，他们主观上对外部世界充满着强烈的好奇心与求知欲，他们不满足于课堂上所学的知识内容，不满足于课间或课外与同学们互相交流所获得的知识和经验。当他们对于某些方面的知识存在疑惑时，他们不太愿意或没有勇气询问老师或同学，因为害怕老师或同学会给予他们一些负面评价，如嘲笑他们知识浅薄、孤陋寡闻等，于是他们很自然地把目光投向了手机。通过手机上网，大学生可以浏览丰富多彩的网络世界，这对他们来说充满了无限的吸引力。在手机百度上，只要输入他们感兴趣的任意关键词，便可以打开无数个相关的网页，从而能极大地满足他们的好奇心与求知欲。再加上手机体积小、便于携带的特点，青少年对手机游戏的依赖程度与日俱增，不知不觉已经离不开手机了。

◆ 五、焦虑水平

处于青春期的青少年存在独立性与依赖性的心理冲突。一方面身体的迅速发展使青少年达到了一定程度的生理成熟，这种生理上的成熟会带来自我意识的迅速膨胀；另一方面他们又想继续当父母身边无忧无虑的小孩，受到他们的保护。于是，就产生了自我独立和依赖他人的心理冲突。选择一方面则意味着另一方面的丧失，因此就会产生一种焦虑感。青少年在这种焦虑感的重压下，可能会选择逃避压力与责任。这样反而会加剧他们的心理冲突，减弱自我意识。因此，青少年可能会转而向手机游戏来索求独立意识。在游戏中他们能体验到现实生活中所没有的快乐与成功，还能够在其中展现自己的独特性，经过不断恶性循环，导致手机游戏沉迷。

另外，现代社会到处都存在竞争，青少年作为社会中的一个重要群体，他们生活在这样的社会中，对自己、对他人，甚至对人的本性感到陌生和不可理解（杨韶刚，2001）。受社会环境的影响，青少年不能很好地理解自己的本性，从而造成一种空虚感、孤独感，不知道自己追求的是什么，也不知道自己想要什么。再加上学校学习与家长期望所给予的压力，青少年会体验到自己不能主宰自己的生活，而是听任他人的安排，从而产生焦虑之感。在此情形下，

———————————
① 兰迪·拉森，戴维·巴斯. 人格特质［M］. 郭永玉，陈继文，译. 北京：人民邮电出版社，2012.

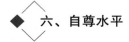

青少年还会产生矛盾的心理。他们一方面想放弃自己的想法和追求，另一方面又觉得放弃太可惜了。而在匿名的手机游戏世界中，他们不用去考虑这么多，也不用去迎合他人，可以尽情地发挥自己的潜能，从而体会到现实社会中体会不到的快乐。

◆ 六、自尊水平

自尊通常是指人们感受或评价自己的特定方式，是构成自我的重要成分之一（申自力和蔡太生，2007）。Jeroen 等（2010）的研究发现，自尊与网络游戏成瘾有关，低自尊更容易导致网络游戏成瘾；Bozoglan 等（2013）的研究发现，低自尊的个体更倾向于表现出网络成瘾的症状，上网时间也更长。孙配贞和余祖伟（2014）的研究表明，中学生自尊对网络游戏成瘾的影响，一方面是通过直接的途径起作用，另一方面通过影响中学生积极和消极应对方式这一间接途径来实现。佐斌和马红宇（2010）的调查也发现，有 41.5% 的网络游戏成瘾的青少年认为，网络游戏能使自己更能得到尊重。一般来说，低自尊的青少年会更容易对自己做出不好的评价，认为自己比不上其他人；相反，高自尊的青少年则更为自信与骄傲。面对外界事物时，高自尊的青少年会勇于表现和展示自己；当遇到挫折与困难时，他们会主动寻求外部的帮助，以更为积极的应对方式来处理生活中的压力事件。与高自尊的青少年相比，低自尊的青少年更倾向于自我保护，不寻求社会支持，更容易选择通过玩手机游戏的方式来逃避生活中的压力，在虚拟的游戏世界中宣泄自己的情绪。因为使用这种消极的应对方式不会伤害到自己，同时也能满足自己的需求，这种倾向会进一步割裂现实生活和虚拟生活的界限，使其沉浸于亦真亦假的游戏世界中。

第六章 青少年手机游戏沉迷的
应对策略

第一节 应对青少年手机游戏沉迷的基本原则

目前关于手机游戏沉迷的应对策略研究还处于起步阶段，暂时没有十分成熟的体系能够被大家所认可与接受，但是近年来国内外学者对网络成瘾与网络游戏成瘾的戒除与干预研究相对成熟。所以，借鉴以往相关的研究成果，同时针对手机游戏沉迷的具体情况，我们提出以下应对青少年手机游戏沉迷的若干基本原则。

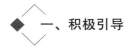

一、积极引导

前面我们分析了手机游戏的两面性，既有积极作用，也有消极作用，所以在应对青少年手机游戏沉迷的问题上首先要遵循积极引导的原则。也就是说，采取有效措施，既要发挥手机游戏的优势与长处，又要克服或避免手机游戏的消极作用。

我们要全面提高青少年的整体心理素质，包括心理素养、自我调适能力、防御能力、心理承受能力等，帮助和促进青少年树立正确的人生观、世界观与价值观，建立良好的人际关系，着重培养广大青少年的良好个性与健全人格。学校不仅可通过开展广泛的讨论，进行宣传教育，让青少年对手机游戏有全面、客观、正确的认识，意识到沉迷手机游戏的危害，并自觉加以抵制；还可以多开展丰富多彩的活动来充实青少年的课余生活，陶冶青少年的情操，培养其积极向上的心态与自信心，促进其全面发展、健康成长。

手机游戏不是洪水猛兽，在实践中，有的教师或家长完全采取"堵"的方式，如一旦发现孩子玩手机游戏就没收，或断网断电，不让孩子接触手机。其实，这样做不一定能取到良好的效果。青少年阶段处于叛逆期，越不想让他们玩就越想玩，越得不到的东西就越想得到。与其纯粹地"堵"，还不如采取疏导结合的方式更为可取。比如，当青少年学习较长时间感到疲劳时，可以让他们适当玩玩手机游戏，一方面转移注意力，换换脑子，缓解一下疲劳；另一方面，手机游戏本身也可以锻炼他们的认知技能，如计算、注意力、记忆、语言技能等。但也要注意，需要规定或限制青少年玩手机游戏的时间、频率与种类，以防止他们沉迷或成瘾。比如，每次玩多长时间；一日、一周或一月内只能玩多少次；在游戏种类上，最好不要玩那些特别刺激、带有暴力色彩的游戏等。

二、尊重接纳

尊重接纳原则包括两层含义：一是尊重；二是接纳。所谓的尊重是指教育工作者要平等对待青少年手机游戏沉迷者，对他们表示出关心、重视与喜爱；尊重他们的学习、习惯、兴趣、爱好与生活；尊重他们的情绪、情感、态度、价值观、理想与追求；尊重他们的人格，与他们平等相处，而不是居高临下、指手画脚、颐指气使。

所谓的接纳类似于罗杰斯提出的心理咨询原则之一——无条件积极关注。所谓无条件积极关注是指心理咨询师在进行心理咨询的过程中，要求咨询师对来访者不做任何评价与要求，保证对来访者的态度始终如一，保持中立，不用考虑来访者的品质、情感与态度。同时，心理咨询师对来访者给予无条件的温暖和接纳，要使来访者觉得自己是一个有价值的人。当然，这里的无条件积极关注并不是对一切都无条件接纳，而是专指咨询师乐于接受、理解、关心、帮助来访者，在任何时候都要以诚相待。

同理，我们尊重和接纳青少年手机游戏沉迷者，也不是意味着放纵青少年

不良的行为，并不是没有原则、价值观与是非判断标准，而是指不能简单化地用批评、指责、厌恶、惩罚等方式来处理，要充分理解青少年手机游戏沉迷背后深刻的原因及其特殊性。

◆ 三、倾听共情

倾听共情原则包括两层含义：一是倾听；二是共情。所谓倾听是指认真倾听青少年手机游戏沉迷者的倾诉，了解其手机游戏沉迷存在的真正问题，让他们尽情地倾诉自己的情绪、情感，将压抑在内心的各种感受宣泄出来，如委屈、愤怒、焦虑、嫉妒、不满等，一吐为快。教育工作者倾听时要保持注意力高度集中，不能走神，不能看手机或做其他的事；要有充分的耐心，不能表现出不耐烦，不要轻易打断对方；对青少年要真诚的理解；倾听的过程中也可以给予必要的反馈，如使用恰当的身体语言等。

共情这个概念是由美国人本主义心理学家罗杰斯提出来的，也称为同理心、移情、同感。他认为，共情是建立良好咨询关系的三个充分必要条件之一，是指能深入他人主观世界，感受到对方的内心世界，体验对方的感受，并针对对方的感受做出恰当的反应。共情也是应对青少年手机游戏沉迷的重要原则之一。教育工作者要站在青少年的立场上，设身处地地去了解、理解、感受他们的内心世界，感同身受地去体验他们内心的压抑和一直设法逃避的问题，并能够把自己感受到的东西再传递回去。一方面要让青少年体验到自己被理解、肯定与欣赏的快乐；另一方面要让他们引发更加深入的思考，正确分析与看待人生成长道路上所遇到的各种难题。

◆ 四、多方协作

多方协作的原则是指家庭、学校、社会以及班主任、同学、专业心理咨询师等各方形成合力、统筹协调，共同对青少年手机游戏沉迷者施以援助，以帮助他们应对手机游戏沉迷。俗话说，人多力量大，应对手机游戏沉迷仅依靠某一方面的力量是不够的。家庭、学校、社会等各方面都是缺一不可的，每一个方面都有优势与不足，不能简单处理，以为交给某一方就可以万事大吉了。

青少年沉迷手机游戏的原因也是多方面的。首先，青少年如果在学业上、人际交往上以及生活方面经常遭受挫败，那会很容易在手机游戏中寻求安慰，以便体验虚拟的成功。所以应对青少年手机游戏沉迷需要依靠学校的努力，他们的班主任、任课教师、同学可以提供力所能及的帮助。另外，学校还可以根据实际情况，安排或聘请专门的心理咨询师对他们给予专业的咨询与辅导。其次，青少年沉迷手机游戏也和家庭因素密不可分。如果孩子得不到应有的关爱，或者父母的教养方式有问题，都可能导致青少年沉迷手机游戏。所以，父母应为青少年的健康成长营造和谐、良好的家庭环境，给孩子更多的关爱与陪伴，与学校教育密切配合。最后，社会大环境也对青少年沉迷手机游戏有一定的影响，如公共媒体的误导与不准确的宣传，相关部门对一些游戏运营商在游戏设计、开发与广告宣传等方面没有给予有效的监管等。所以，在应对青少年手机游戏沉迷的问题上，社会也要担负起重要的责任。

◆ 五、主观能动性

马克思主义哲学中的辩证唯物主义在论述关于事物变化发展的动力与原因时讲到了内外因辩证关系原理。该原理认为，事物变化发展的第一动力或第一位的原因是事物的内部矛盾（即内因），这是事物自身运动的源泉和动力，是事物发展的根本原因；而事物的外部矛盾（即外因）是事物变化发展的第二动力或第二位的原因。这对于我们应对青少年手机游戏沉迷也具有一定的指导意义。

家庭、学校、社会以及班主任、同学、专业心理咨询师等各方的努力可以看成外因，而青少年自身的主观能动性就是内因。也就是说，应对青少年手机游戏沉迷离不升青少年自身的主观能动性。青少年时期处于人生发展的重要阶段，他们既有成熟的一面，也有主观、幼稚、片面的一面。面对手机游戏带来的诱惑，他们看到的往往是其优点及积极作用，而往往会忽略其消极作用与不利的方面。在应对手机游戏沉迷的过程中，教育工作者要充分尊重青少年的主体地位，激发他们自我心理发展的自觉性与积极性，发挥自己的所有心理潜能来克服自己的心理问题。教育工作者不要主观地指挥青少年应该做什么，或者怎样做，而是要与青少年共同探讨、分析有助于解决问题的各种方案。

我们要相信，每一位青少年手机游戏沉迷者的内心深处都蕴藏着巨大的能量，相信他们能够发挥自己的潜能，获得社会的认可与他人的尊重。他们只不过是对自己有期望、有要求，但由于种种原因，在现实生活中无法实现，转而到手机游戏的虚拟世界中去寻找，他们的内心还是保存着希望。总之，教育工作者要和青少年游戏沉迷者建立起互相信任的良好关系，用尊重接纳的态度，与他们一起进行探索，使他们增进对自己的了解，树立起信心，充分发挥自己的潜能，从手机游戏沉迷中走出来。教育工作者要做的是帮助青少年解决问题，而不是越俎代庖，代替他们解决问题。

◆　六、持之以恒

青少年手机游戏沉迷的因素十分复杂，不是一朝一夕的事情，正所谓"冰冻三尺非一日之寒"。所以，要想彻底消除手机游戏沉迷问题是需要一个过程的，需要遵循循序渐进、持之以恒的原则。要改变某种长期性的行为，第一步是最难跨出的，是需要付出巨大努力的，手机游戏沉迷也不例外。对于那些长期沉迷于手机游戏的青少年来说，不能期望他们在短期内就能摆脱掉游戏沉迷，那种寄希望于一两次咨询与辅导就能帮助其消除游戏沉迷的想法是不切实际的，是急功近利的表现。

在解决青少年手机游戏沉迷的过程中，可能不会一帆风顺，会出现反复的现象。这时应该认真、冷静地分析与总结，看看沉迷者有没有付出过努力，是否具备解决问题的决心，现在的状态与最初时相比有没有进步，以及退步的真正原因。对此教育工作者要保持充足的耐心，只要答案都是肯定的，就应该给予沉迷者更多鼓励，而不要聚焦于一时的退步；同时，教育工作者应根据退步的原因采取有针对性的对策。否则，就有可能放弃正确的原则，前功尽弃。总之，教育工作者和游戏沉迷者自身都要有充足的思想准备，要与手机游戏沉迷打一场"持久战"。

第二节 应对青少年手机游戏沉迷的具体策略

青少年手机游戏沉迷问题越来越受到社会各界的关注。它的形成因素是多方面的，可以说，它是一个综合性的社会问题，也是一个将长期困扰家长、学校与社会的棘手问题。为了防止与减少青少年手机游戏沉迷问题的发生，必须有一套行之有效的科学方法与应对策略。笔者认为，应对青少年手机游戏沉迷问题，应围绕家庭教育层面、学校教育层面、社会层面以及青少年个人层面的共同努力来进行。下面，我们分别从以下几个方面着手，探讨青少年如何应对手机游戏沉迷问题。

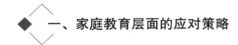

◆ 一、家庭教育层面的应对策略

家庭是应对青少年手机游戏沉迷的第一道防线，家庭教育至关重要。父母是孩子的第一任教师，其地位与角色是任何人都无法取代的，也是预防青少年手机游戏沉迷最好的老师。他们可以通过适当的方式，对子女的手机游戏问题进行正确的引导，如营造良好的家庭氛围、改变不良的教养方式、调整对孩子的期望值等。

（一）营造良好的家庭氛围

已有研究表明，家庭氛围不和谐、缺乏家庭情感温暖的青少年，更容易转向网络寻求安慰与支持，从而产生手机游戏沉迷。如一些单亲家庭、婚姻有裂痕的家庭，或父母经常争吵的家庭，孩子得不到应有的父爱与母爱，感受不到家庭的温暖与幸福。在这些家庭环境下成长的青少年更有可能借助虚拟的网络世界，通过手机游戏来排遣自己心理上的孤独与寂寞，找寻现实生活中得不到的自信与尊重。

为了应对青少年手机游戏沉迷问题，家长有责任、有义务为其健康成长营造良好的家庭环境。家长要关心爱护自己的子女，家庭各个成员之间的关系始终要保持亲密和睦、幸福温暖。家长自己要以身作则，做出表率，尽量改变一些不良的习惯或嗜好,如抽烟、喝酒、赌博等,自己更不能沉迷手机游戏或网络。家长要充分了解青春期孩子心理发展的一般特点,如闭锁性、逆反性、独立性、不平衡性;对孩子青春期的行为特征给予包容理解,而不是发泄不满或进行指责。家长不要从家长权威的角色出发,而是要多从朋友的身份出发,采用平等、尊重、温暖的方式与孩子沟通交流,多了解孩子的学习、生活和情感等具体情况,关心他们的成长,实时给予鼓励和鞭策。在轻松和谐的家庭环境下,青少年能感受到来自家庭的温暖、关爱与快乐,能与父母之间进行良性的沟通,从而有利于预防手机游戏沉迷。

（二）改变不良的教养方式

家庭教养方式也是造成青少年手机游戏沉迷的重要家庭因素之一。已有研究表明,专制型、溺爱型、冷漠型等不良教养方式更容易导致青少年手机游戏沉迷。在这些教养方式下成长的青少年容易出现自卑、胆怯、缺乏安全感等心理问题。特别是在专制型与冷漠型的教养方式下,由于家长过于严厉,对孩子常常拒绝或否认,会使孩子情绪消极,不愿意与家长沟通,进而对家庭生活产生抵触心理,逃避现实生活,孩子就容易到手机游戏的虚拟世界里寻求安慰与寄托。相比较而言,民主型教养方式下的青少年出现手机游戏沉迷的比例较小。在该教养方式下,家长对孩子一般采取宽容、赏识的态度,以民主、平等的方式与孩子沟通,尊重孩子的人格、想法与建议,经常给孩子表扬与鼓励,耐心倾听孩子的倾诉,从而容易获得信任。当孩子获得安全感与信任感,他们才会向家长、老师、同学、朋友等倾诉,才能有效地预防可能出现的一些行为偏差,如手机游戏沉迷。所以,为积极预防手机游戏沉迷的发生,家长应该改变不良的教养方式,采取积极的民主型教养方式。

除了采取民主型的家庭教养方式外,我们还可以借鉴目前国外比较流行的正念养育。正念养育是一种以亲子互动中不加批判的和专注当下的意识为特征的父母教养方式（李心怡等,2019）。父母采用一种正念的态度去教养孩子,通过培养良好的育儿品质,来避免同孩子的消极反应和不良互动。正念养育的核心就是正念干预。所谓正念干预就是通过冥想等方式帮助人们更好地体会到身体和思想的改变,以觉察、接纳和不评判态度去关注当下一切的一种训练方式（Helena and Cristina,2018）。Bögels 等（2014）的研究发现,在八周的团体正念养育干预之后,父母对孩子减少了过度保护和限制,亲子关系有所改善。可见，正念养育可以通过改善家庭关系及家庭功能，使青少年沉迷手机游戏的可能性有所降低。除了父母使用正念养育来教育孩子外，正念干预法还可以直接用于青少年，即青少年通过采用静坐、冥想、体悟等方式，集中自我精神力，反思其在手机游戏沉迷中的行为，通过深层次的自我意识交流，获得积极心理感受，明确手机游戏沉迷的危害，进而放弃手机游戏沉迷的方法（李羲，2018）。这种方法可以发挥青少年干预手机游戏沉迷的自主性，唤起青少年的自我责任感，从中体会到较强的自我控制感，这样就能够激励他们进行自我管理的主体意识，帮助其早日摆脱手机游戏沉迷。

在家庭教育中，父母不可忽视孩子的个性培养，要不断挖掘他们的潜能。每个孩子都是独特的，父母在培养孩子方面不能盲目跟风，要深入了解他们的想法，尊重他们的兴趣，引领他们发掘自己的潜能。父母不能一味地以片面追求学习成绩的培养方式来教育孩子，要重视道德教育，把培养孩子正确的世界观、人生观、价值观以及独立意识作为教育的重心，并积极引导孩子形成健全的人格，养成独立判断和决策的能力。

（三）调整对孩子的期望值

在青少年手机游戏沉迷者中，有一部分是因为家长的期望值过高所引发的。中国家长自古以来就有"望子成龙、望女成凤"的思想，对孩子具有一定的期望本是正常的，但凡事皆有度，过犹不及。如果家长对孩子的期望值过高，脱离他们的实际能力与水平，就会产生负面影响，如给孩子带来较大的心理压力，不但对孩子的健康成长不利，还会诱发一些不良行为，如手机游戏沉迷。所以，为了预防手机游戏沉迷的发生，在孩子成长的过程中，家长有必要不断合理调整对孩子的期望值。

家长对孩子的期望值要根据孩子的能力与兴趣而定。作为家长，不要强迫自己的孩子事事、时时、处处都超越他人，也不要强迫孩子去做他们不喜欢做的事。即使有这些想法，家长也要深深地埋藏在心底，不要过多地流露与表达出来。处于青春期的孩子，独立意识日益增强，情感也更加敏感细腻，家长要学会尊重孩子的独立意志与想法。在孩子的学业问题上，家长不要一味地要求孩子每门功课名列前茅，或是满分，而是应该从长远角度考虑，让孩子打下扎实的专业知识基础，同时注意发展自己的特长与爱好。在职业生涯规划上，家长要多了解孩子对未来人生的规划设计，并尽可能地根据子女的能力与兴趣，

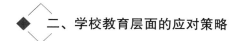

帮助他们完善自己的人生规划，而不是去干预他们的理想。只有家长对孩子的期望值始终处于一个合理的区间，不给孩子带来额外的心理负担，才能给孩子增加足够的信心，勇于面对人生道路上遇到的挫折与困难，才有可能实现人生的诸多理想，从而降低手机游戏沉迷发生的可能性。

◆ 二、学校教育层面的应对策略

学校作为青少年健康成长的重要场所，在应对青少年手机游戏沉迷的问题上，也肩负着重大的责任。学校应该采取有针对性的措施，引导青少年正确对待手机游戏，尽力减少手机游戏带来的负面影响，坚决抵制手机游戏沉迷。具体来说，学校应该做好以下几个方面的工作。

（一）理想信念与价值观教育

理想信念与价值观是我们在对学生进行思想政治教育过程中经常提到的，要有效抵制青少年手机游戏沉迷问题，离不开理想信念与价值观教育。理想信念是人们对事物的最高追求，是人们的世界观、人生观和价值观在奋斗目标上的集中体现。在各种价值观念中，理想、信念是最高的人生价值追求，是居于统摄、支配地位的价值观念（樊娟，2009）。一些青少年沉迷手机游戏和他们的理想信念缺失、价值观出现偏差有很大关系。近年来，随着改革开放的深化和市场经济的迅速发展，在经济全球化、信息网络化的背景下，青少年的思想观念、价值取向与精神追求呈现多元化的趋势。部分青少年受到西方拜金主义、享乐主义等错误思潮的影响，感到迷茫、不知所措，不愿意刻苦学习、努力奋斗，而是整天浑浑噩噩、挥霍青春，投入大量时间与精力参与手机游戏，以便打发时光，逃避现实压力。因此，学校教育中应该大力加强青少年的理想信念与价值观教育，帮助青少年树立远大的理想与积极、健康、向上的价值观。

以往的理想信念与价值观教育较多采用单向灌输的权威说教式，把社会要求的思想观念、价值观道德规范比较生硬地传授给学生。这样的教育方式忽视了青少年的需求与接受能力，抑制了他们接受的积极性、主动性与创造性，青少年处于被动接受的从属地位，其效果往往不佳。随着互联网与智能手机的普及，学校的理想信念与价值观教育要注意利用以互联网为载体、以手机为媒介的信息传播平台，唤起青少年的兴趣、好奇心与全部热情，引导他们掌握自己的命运。同时，学校教育者与青少年之间还能产生双向互动：一方面，学校教育者可以实时了解青少年的真实思想动态；另一方面，青少年具有参与教育过程的主动性，拥有了平等的参与权。这种教育方式最终会增强学校教育者在青少年心目中的感召力、影响力与渗透力，大幅提升教育的效果，对青少年理想信念与价值观的塑造与引领也是大有裨益的。

（二）素质教育

从学校教育层面来看，应试教育体制也是青少年沉迷手机游戏的一个重要原因。在应试教育体制下，培养目标单一，主要以片面追求升学率为目标，而忽略了对学生的思想道德、心理健康与能力的培养，从而出现许多的高分低能者，即虽然考试分数高，但理想信念不坚定、人格发展不健全，不善于人际交往，自制力差。在学业压力的影响下，学生的兴趣、爱好受到压抑，并充满厌学的情绪。一些有性格缺陷或自制能力差的青少年往往会到手机游戏中寻找精神寄托，以逃避现实的压力与烦恼，最终导致手机游戏沉迷。所以，继续加强教育体制改革、切实改变应试教育体制、大力推行素质教育，对应对青少年手机游戏沉迷也具有重要的意义。

推行素质教育至少要在培养目标、培养内容、培养方式上做出重大转变。首先，在培养目标上，要切实改变应试教育体制下片面追求升学率的单一目标，应全面加强对大学生的思想政治素质、心理健康、人格塑造等多方面的教育，培养全面发展的人。其次，在培养内容上，既要注重基础知识的传授与基本技能的培养，更要注重把知识与能力内化为人的基本素质，全面塑造青少年的人格、情感、理想、信念、人生观、世界观与价值观。最后，在培养方式上，要确保青少年的主体地位与主体意识，激发青少年学习的积极性、主动性与创造性，变被动学习为主动学习。尽管教育体制改革、素质教育的呼声早已响起，但在实际的操作中效果并不理想，应试教育的方式仍然影响较大，高分低能的现象仍然较为普遍。那些在学校习惯了应试教育的学生，在学习上能取得很好的成绩，却缺乏相应的实践能力，当他们走入社会接触工作时往往会有挫败感，进而在游戏中寻求虚拟的满足。可见，素质教育任重道远，有待进一步推行。

（三）心理健康教育

青少年手机游戏与许多不良的心理品质有关，如手机游戏沉迷者往往具有孤独、内向、抑郁、自我管理与自我约束能力差的人格特点。束丽文（2016）的研究发现，人格特质的神经质维度与应对方式的问题解决、幻想维度均能显著预测中学生的网络游戏成瘾。这意味着青少年的情绪控制能力、应对方式等心理品质与手机游戏沉迷关系密切。符明秋和校嘉柠（2014）认为，学校教育不仅要注重青少年的品行、智力、体质的发展，更应该注重学生的心理健康，从而真正实现青少年的素质教育。所以开展科学的心理健康教育也是在教育层面应对青少年手机游戏沉迷的重要途径之一。

首先，学校应对青少年开设心理健康教育课程，由专业的心理学教师讲授心理健康知识，让青少年具备良好的自控能力；注重培养青少年良好的自我监控能力与保持内心平衡的能力，有效地帮助青少年抵御手机游戏的诱惑。其次，大力提高青少年的人际交往能力，完善青少年的社会支持系统。健康的人际交往与健全的社会支持系统是应对青少年手机游戏沉迷的必要条件。学校应有意识地培养青少年的沟通技巧，使他们能够更有效地面对现实的人际关系，获得完善的社会支持系统，从而消除引发他们手机游戏沉迷的潜在因素。再次，加强对青少年游戏心理的教育与引导。通过开展各种形式的手机游戏心理健康宣传和教育，使他们对手机游戏心理知识有基本的了解，当有手机游戏沉迷的趋势时能够及时发现并寻求帮助。最后，学校可以加强疏导，多举办游戏安全讲座，分析和解决当前年龄段可能遇到的心理问题。并且，建议每所学校配备专门的心理咨询老师，建立心理咨询所，对有手机游戏沉迷倾向的青少年进行心理辅导和教育。另外，学校要加强心理人才队伍建设，加大对心理健康知识的宣传，定期为师生普及心理知识及正确对待手机游戏的态度。

（四）媒介素养教育

随着通信技术的飞速发展，手机游戏的形式和种类也是多种多样。手机游戏所传递的信息包含丰富的内容，在手机游戏的信息海洋里，青少年可能会凭借个人直觉或是个人喜好去接收手机游戏所提供的信息。前文我们还提到，手机游戏开发和运营商的首要目的是获取游戏带来的高额利润，这种盲目追求利润的目的，也会促使他们在手机游戏中夹杂很多不良信息。这都要求青少年能够用辩证否定的眼光去看待手机游戏中包含的信息，辨别游戏中传播出来的信息，青少年必须保持敏锐性和警觉性来筛选信息，理智且具有选择性地去接收有利于自身发展的信息。所以，为了应对手机游戏沉迷问题，学校还有必要对青少年进行游戏媒介素养教育。

单晓红（2018）认为，媒介素养是指人们对各种媒介信息的解读和批判能力，以及将媒介信息为个人生活、社会发展所用的能力。霍布斯指出：媒介素养就是从基本的能够使用媒介到思考分析、再到利用媒介参与创造的过程（陆晔，2008）。早在20世纪30年代初期，为了反对传媒中流行的文化价值观念，英国学者开始倡导媒介素养教育。随着当今信息时代的进一步发展，报纸、杂志、广播、电视、电影、手机、网络等大众传播媒介大量进入青少年的日常生活，他们的成长更多地受到大众传播媒介直接或间接的影响。目前，西方发达国家已经将媒介素养教育纳入正规教育之中。在我国，把媒介素养教育作为新时代青少年思想政治教育工作的重要补充，具有时代性与前瞻性。青少年只有清醒地认识自己，明确自身的发展路径，并将满足自身合理的媒介需求放到首要地位，才能确立理性的情感取向，遏制过度的娱乐化取向（李玲，2014）。提高青少年自身的媒介素养既能有效抵御大众传媒的消极影响，也能起到完善自我、实现自我价值，进而推动社会进步的作用，更是预防与解决青少年手机游戏沉迷的重要措施。

当前，我国青少年所具有的媒介素养还处于自发状态，对于准确评价媒介信息和信息传播方式还有一定困难，不能很好地将自身信息需求与媒介内容相互匹配，因此无法充分有效地利用媒介资源。青少年面对手机游戏所呈现的多元媒介信息也要具有选择能力、理解能力、创造能力与思辨能力等，即具备手机游戏媒介素养。青少年沉迷手机游戏本身就是游戏媒介素养不健全的表现。学校教育要注重全面提高青少年的网络知识和文明游戏意识，营造积极健康的游戏文化氛围，帮助青少年提高接受手机游戏信息知识的自觉性，自觉地化被动为主动地去接受关于手机游戏的基础性知识和技能，学会积极主动地学习和接收信息，以此来提高自身对手机游戏信息的识别能力和操作能力。针对青少年中存在的手机游戏沉迷行为，要坚持自律与他律相结合，在青少年群体中广泛开展"文明手机游戏"的教育活动，通过倡议书、辩论赛、征文比赛等形式，大力宣传文明上网，争做文明、健康游戏的模范。

◆ 三、社会层面的应对策略

导致青少年沉迷手机游戏的外在环境因素除了家庭因素与学校因素外，还有社会因素。所以，应对青少年手机游戏沉迷，社会也负有重要的责任。政府相关部门有必要采取积极有效的措施，通过法律、行政、技术、舆论等手段，尽可能地净化手机游戏环境，有效预防青少年手机游戏沉迷。

（一）加强对手机游戏的监管

近年来，我国政府虽然陆续出台了 20 多部关于互联网管理方面的法律法规，但并不能完全覆盖现实的网络问题，特别是关于手机游戏的法律法规还比较缺失，缺乏明确的有关手机游戏行业的行业政策、管理制度和审查制度，导致政府在手机游戏方面的监管还比较空白。因此，政府一方面要做好现有法律法规的延伸与司法解释工作；另一方面要紧跟互联网的发展趋势，及时制定手机游戏方面的法律法规。

首先，相关部门应对手机游戏进行分级，建立手机游戏分级制度。就像电影一样，并不是所有的手机游戏适用对象都相同，一些包含暴力、奢靡、血腥画面的手机游戏对青少年有着非常大的负面影响（戴秋辉，2019）。手机游戏分级制度有助于唤醒社会对手机游戏的理性认识，可以使家长和老师正确看待手机游戏在青少年群体中的地位和作用。同时，游戏分级制度还可以增强手机游戏开发运营商对手机游戏产业的责任感和参与感，促进行业的健康发展（叶慧娟，2011）。这种分级制度不但给公众提供了可资参考的内容，也给游戏行业提供了可以把握的行动标准和市场预期，从而增进行业自律。未来我国可以借鉴美国娱乐软件分级委员会（Entertainment Software Rating Board，ESRB）制定的六级制度，按照手机游戏适应的不同年龄段将其划分为不同等级，并分别描述每级的游戏内容（刘亚娜等，2015）。为了确保取得实际效果，把手机游戏分级制度提高至法律层级是十分必要的。只有在法律层面制定有关游戏分级制度，提升其法律效力并加大处罚力度，使执法人员有法可依，才能为监管游戏中违法违规的行为提供正当的法律保障（燕道成，2009）。当然，我们也要清醒地认识到，建立手机游戏的分级制度并非避免手机游戏沉迷的"灵丹妙药"，而是要通过构建这种制度来宣传和推广游戏分级，从中筛选出手机游戏中的有害内容，最终目的是保护青少年的合法权益。

其次，分级制度只是手机游戏监管制度的前置制度，在手机游戏进入市场之前，还要对其内容进行审查。由于目前国产手机游戏无论是从质量还是从可玩性等方面都与国外手机游戏存在差距，短期内难以获得广大游戏参与者的认可，所以手机游戏市场上还是以国外游戏居多，占据国内大片的游戏市场份额。在这方面，手机游戏行业可以借鉴电影业的成功经验。如建立国外手机游戏的内容审查制度与分级制度；对进口的手机游戏数量做一定的限制，确保手机游戏的质量。这样能更好地保护国内手机游戏产业，同时也能防止不良文化的侵入以及对青少年手机游戏参与者世界观带来潜移默化的影响。虽然针对手机游戏的监管和控制应该放归市场，依靠市场本身的力量淘汰掉一些内容低级、趣味低下的产品，但是由于手机游戏的受众群体比较低龄化，许多青少年不具备鉴别和抵御低级文化的能力（严玉莹，2018）。因此，加强对手机游戏的行业监管十分必要，监管涉及手机游戏产业准入规范监管、制作和发行等一系列程序监管等，应从源头上杜绝违法违规现象发生（陈党，2016）。国家应尽快建立手机游戏内容审查制度，过滤掉一些不适合公开传播的内容。这样做既可以对青少年进行相应的保护，也能够帮助家长监督孩子，减少不良手机游戏内容对青少年不必要的侵害，降低手机游戏沉迷的发生率。

（二）净化手机游戏环境

近年来，互联网技术不断进步，新变化不断出现，但并没有自然而然地带来更加健康有序的手机游戏环境。一些手机游戏开发运营商受经济利益的驱动，在手机游戏中夹杂了大量的暴力等元素，游戏过程中不文明行为也屡见不鲜，这对涉世未深的青少年来说有较大的诱惑力。所以要抵制青少年手机游戏沉迷，就要不断净化手机游戏环境。

对于手机游戏中出现的暴力等不良信息的传播，世界各国的通行做法是采取强制性措施予以打击。目前，为了净化手机游戏环境，我国政府相关部门对这些不良信息加强了监督与控制，坚决予以打击与整改，并取得了一定的成效，通过手机游戏传播不良信息的势头一度得到有效的遏制。但是，由于手机游戏中的暴力等有害信息具有隐蔽性、传播迅速、渗透性强的特点，这些信息在短时间内还难以彻底根除，净化手机游戏环境还有很长的一段路要走。政府相关部门在加强对进口手机游戏内容审查的同时，还要鼓励手机游戏开发运营商大力开发健康的国产手机游戏，这对净化手机游戏环境也很重要。所谓健康的国产手机游戏是指适合青少年身心发展的、兼具中国特色与游戏趣味性，能把中国民族精神、传统文化、爱国主义、社会主义法制等内容融合在一起的创新游戏产品。当然，开发健康的国产手机游戏，需要政府、社会与游戏公司等多方面共同努力才能实现。总之，政府相关部门要充分利用法律、行政、技术等手段，加大对手机游戏的监管力度，把对手机游戏的集中专项治理转化为经常性、制度化的长期监管，落实安全管理责任与技术防范措施，防止有害信息通过手机游戏传播扩散，为青少年的健康成长营造良好的手机游戏环境。

（三）加强社会主流文化的宣传

大众传媒对手机游戏功能的大肆夸张与渲染也是青少年沉迷手机游戏的重要诱因之一。所以，要抵制青少年手机游戏沉迷，还应加强社会主流文化传媒对青少年的正面宣传与舆论导向作用，避免因大众传媒对手机游戏相关信息进行夸张、不客观的报道而误导青少年。

社会主流文化传媒应该针对青少年群体，对手机游戏这一新生事物进行客观、公正地评价，加大对青少年沉迷手机游戏问题的宣传，引导青少年正确认识手机游戏的积极作用与负面影响，而不要过分夸大手机游戏的积极作用。近年来，手机游戏产业发展迅速，广大网民表现出极高的认同与参与热情，游戏群体日益壮大。于是，一些文化传媒跟风炒作，过度渲染手机游戏的积极作用，宣传所谓的游戏精英实现了"一夜暴富"的梦想。这就使一些青少年误以为手机游戏成为今后谋生的一种方式，对其负面影响缺乏充分的认识，因而盲目追风，甚至将游戏精英视为偶像，幻想着自己也能从虚拟的游戏世界中寻找到实现梦想的捷径，所以将大量的时间与精力消耗在手机游戏中，以致沉迷其中难以自拔，给自己的健康成长带来不利的影响。因此，一方面，社会主流文化媒体应该承担起舆论导向的职责，在肯定手机游戏积极作用的同时，也要对其负面影响及危害进行真实、客观地宣传报道，引导青少年正确、合理、科学、规范地参与手机游戏；另一方面，社会主流文化媒体要针对青少年群体，树立健康成才观的舆论导向。主流文化媒体需要更多地了解青少年的真实想法与内心需求，加强对个人或群体奋斗创业历程的正面宣传，使广大青少年认识到成功成才都需要靠自己的现实努力，没有捷径可走，引导他们树立健康成才观。总之，社会主流文化媒体要引导青少年设定适合自己的人生理想目标，脚踏实地、立足现实，形成正确的成才观，走上健康的成才之路。

◆ **四、个人的主观努力**

根据马克思主义哲学原理，外因只是引起事物发生变化的条件，内因才是促使事物发生变化的根本原因，外因还要通过内因来起作用。家庭层面、学校层面与社会层面可以采取一系列积极的应对措施对青少年手机游戏沉迷进行引导与管理，但这些都是外部因素。应对手机游戏沉迷的关键还在于青少年自身的主观努力，主要还是通过青少年树立远大的理想、建立良好的人际关系、培养自制力与陶冶高尚情操等来防止自己沉迷手机游戏。

（一）树立远大的理想

有研究表明，青少年沉迷手机游戏在很大程度上是由于青少年没有树立远大理想，没有确立正确的人生目标而导致的。面对自己的未来，青少年应该尽早树立远大理想，确立正确的人生目标。一个人追求的目标越高，他的潜能越能得到充分的发挥。如果青少年规划了自己的未来，也就有了人生追求的目标；青少年明确了自己的人生目标，也就找到了今后奋斗的方向。青少年会知道什么事情该做，什么事情不该做；知道什么事情是重要的，什么事情是不重要的，然后就朝着这个方向去努力，业余生活也就更加充实。只有树立了远大理想，确定了正确的人生目标，青少年才不会感到迷茫，不会虚度光阴，不会无所事事，不会做无益于他人与社会的事，也就不会沉迷于手机游戏而不能自拔。

（二）建立良好的人际关系

亲密和谐的人际关系是青少年心理健康水平与社会适应能力的重要指标，是其今后事业发展与人生幸福的基石，也是抵御青少年手机游戏沉迷的重要武器。良好的人际交往可以增强青少年的自信心，使他们对现实生活充满兴趣，真正认识到网络虚拟世界永远无法取代现实生活中的真情实感，进而自觉抵制手机游戏沉迷。

要建立良好的人际关系，青少年首先要遵循人际交往的原则，包括交换原则、诚信原则、宽容忍让原则与相互尊重的原则。根据这种社会交换理论，在进行人际交往和建立人际关系时，青少年要遵循交换原则，即要从满足对方需要出发，互利互惠。互利互惠性越高，交往双方的关系就越密切。在交往过程中，青少年要诚实可靠、讲究信用。如果双方能够推心置腹、以诚相见，双方的心理距离就会迅速拉近，很快就可以相互理解、相互信任，从而建立良好的人际关系。为了发展良好的人际关系，青少年还要遵循宽容忍让的原则。除了大是大非的原则性问题外，对交往对象的态度、语言、习惯、处事等细枝末节问题不要过于计较，应以博大的胸怀容纳别人的不足和缺点，从而赢得别人的尊敬和好感。另外，青少年之间的交往还须以相互尊重为原则，切忌在交往中摆出自高自大、盛气凌人、唯我独尊的姿态。当然，青少年在要求别人尊重自己的同时，也要做到自尊、自重，既不能认为自己低人一等、缺乏自信，也不能丧失自尊、阿谀奉承。

为了建立良好的人际关系，青少年除了要遵循上述人际交往的原则外，还须掌握一定的建立人际关系的技巧，包括主动进行交往、帮助别人、善于移情等。社会心理学的研究表明，人际关系的基础是交往双方的相互重视、相互支持、相互吸引。任何人都不会无缘无故地喜欢我们、接纳我们，别人喜欢、接纳我们是建立在我们喜欢、接纳他们的前提之上的。青少年要认识到，进行人际交往只要采取主动姿态，积极与交往对象接近，表达交往的意愿和建立友谊的需求，这样才能与他人发生交往，并进而建立亲近友好的人际关系。主动帮助别人也是建立良好人际关系的一条有效途径。帮助别人不仅可以给别人留下良好的第一印象，而且可以迅速拉近人与人之间的心理距离，使亲密的关系很快建立起来。当别人在经济上遇到困难、情感上遭遇危机、身体上患病或问题难以解决时，如果我们能及时给予支持和帮助，就会很快赢得别人的好感，使其与我们缩短心理距离，建立起良好的人际关系。此外，移情指的是自己站在别人的立场去很好地理解别人，用别人的眼睛来看这个世界，用别人的心来理解这个世界，设身处地感受别人的内心世界和真实情感。在人际交往的过程中，如果青少年能做到移情，就可以实现与别人的情感交流，使彼此的交往行为具有合理性和对应性，从而把人际关系建立在双方的感情基础上。

提高青少年的人际交往能力，还要注意引导青少年提高自己的情商，以便改善其人际关系，在与人交往中汲取能量，改善自身交际习惯。情商是个人在社会生活中的必需素质，包括自我的了解程度、对他人的理解和包容能力、控制情绪的能力、承受挫折的能力、处理人际关系的能力等。拥有较高情商可以在社会生活中游刃有余，可以正确认识自我与他人，合理控制自身情绪和行为，使日常生活处于健康有序的状态。当然，教育工作者可以多组织一些集体活动，提供中学生与人沟通交流的平台与机会；给他们以勇气，鼓励他们与人交往交流，培养其与人交流的技巧与能力，以便预防他们在手机游戏中寻找不当的补偿，使其摆脱手机沉迷带来的危害，积极健康地成长。总之，青少年手机游戏参与者要重视现实中人与人之间的情感交流关系，不要把手机游戏作为逃避现实生活问题或消极情绪的工具。建立起成熟的心理防御机制，才能有效抵御手机游戏沉迷现象的发生。

（三）培养自制力

青少年沉迷手机游戏在很大程度上是由于意志薄弱、自制力不足所导致的，所以应对手机游戏沉迷，青少年还要不断提高自我控制能力即自制力。自我控制涉及人格、行为、神经系统多个层面，其发展受到大脑发育、遗传与社会环境等诸多因素的影响，是一个复杂的综合系统。作为人格建构中核心概念的自我控制，对青少年个性、社会性发展起着重要作用。所以，青少年如何更好地调节和控制自己的时间，如何处理好生活、学习与手机游戏之间的关系，是值得探讨的一个问题。

彭红雷和姜旭英（2011）的研究表明，时间管理倾向能够预测网络成瘾，而且时间管理倾向中的时间效能感对网络成瘾的预测性最强。时间管理倾向和青少年的手机游戏沉迷可能也存在一定的预测关系，时间管理能力强的青少年更能抵御手机游戏的诱惑。同时，朱传文（2014）和董晓玉（2019）的研究发现，时间管理倾向会在其他变量如压力、父母教养方式与手机游戏沉迷的关系中起中介作用，当个体压力大时容易产生焦虑紧张的负面情绪，导致难以监管好自己的时间，从而容易造成手机游戏沉迷。在实践中，我们也常常发现，一些青少年在玩手机游戏时常常感到难以把握时间，无论是容易沉迷游戏的参与者还是普通的参与者，一旦开始玩游戏后，总是感觉时间一晃就过去了，特别是沉迷手机游戏的青少年在玩游戏时几乎没有时间观念。所以，青少年在日常生活中要强化对自身行为的控制能力，提高对时间的管理能力，学会管控自己的时间，制定严格的生活纪律，充分认识到沉迷手机游戏使其失去的是时间带来的宝贵价值。青少年对时间管理能力越高，他们的时间观念也会越好，驾驭时间的信心就会越强，长此以往严格要求自己按照合理的时间安排学习生活，能够养成良好的学习习惯，也能够让他们变得更加积极向上。

青少年除了需要培养时间管理观念外，学会控制上网时间也是行之有效的办法。如果要真正限制沉迷者的玩游戏时间是非常不容易的事，因为他们通常对手机游戏有着强烈的情绪依赖性和耐久性。因此，外部的时间控制法不只是对玩游戏的时长进行控制，还要打乱他惯常的游戏时间表，使其适应一种新的时间模式，从而打破其玩游戏的习惯。当青少年沉迷游戏一段时间之后，可以利用其他具有吸引力的刺激来转移注意力，来替代其对游戏的需求，并提高他们的自我效能感和给予其适当的外部支持，帮助他们建立一种更为积极的应对策略。

（四）陶冶高尚情操

青少年平时要注意培养一些健康的兴趣爱好，积极参加学校与社会组织的各项活动，丰富自己的课余生活，陶冶自己的高尚情操，以便自觉抵制手机游戏沉迷。

兴趣爱好是一个人最好的老师。所谓的兴趣爱好是一种带有意识特点的心理倾向，并带有自发的、积极的情绪色彩。培养兴趣爱好也就是在培养一种积极的心理品质。健康的兴趣爱好对人格的形成与发展具有巨大的推动作用，它可以使人的智力得到快速发展，开阔人的眼界，陶冶人的情操，有助于人们适应新的环境，对生活充满热情。如果青少年具有健康的兴趣爱好，情操高尚，自然就会减少对手机游戏的沉迷。一般来说，青少年的兴趣爱好包括绘画、摄影、书法、棋类、体育运动、旅游休闲、读书学习等。有的兴趣爱好可以帮助青少年成就一番事业，如美国的比尔·盖茨因为爱好编程，喜欢设计软件，最终创建了微软帝国。当然，这毕竟是少数，大多数的兴趣爱好不能带来实际效益与事业的成就感，但是可以愉悦身心，带来放松与快乐，充实业余生活，提升青少年的个人素质。有了这些健康的兴趣爱好，青少年就能在这些兴趣爱好中提升自己的价值，陶冶自己高尚的情操，体验到现实生活中的快乐，他们就会把注意力集中到这些兴趣爱好上来，利用手机游戏打发时间或追求虚拟成就的想法就会逐渐淡化，也就不至于沉迷于手机游戏而不能自拔。

值得注意的是，课外活动是青少年健康兴趣爱好的实践过程，同时也可以强化青少年兴趣爱好的广度与深度，培养青少年的团队精神与创新能力。所以，青少年还需要根据自己的兴趣爱好，积极参加学校与社会组织的各种活动，不断陶冶自己的情操。此外，青少年还要不断完善自己的个性，培养广泛的兴趣爱好和坚强的意志力，把生活的中心和重点放在现实的世界中，而不是虚拟的游戏世界里，才能有效解决手机游戏沉迷问题。

参考文献

[1] Anderson C A, Bushman B J. Effects of violent video games on aggressive behavior, aggressive cognition, aggressive affect, physiological arousal, and social behavior: A meta-analytic review of the scientific literature [J]. Psychological Science, 2001, 12 (5): 353-359.

[2] Armstrong L, Phillips J G, Saling L L. Potential determinants of heavier internet usage [J]. International Journal of Human - Computer Studies, 2000, 53 (4): 537-550.

[3] Barlett C P, Vowels C L, Shanteau J, Crow J, Miller T. The effect of violent and non-violent computer on cognitive performance [J]. Computers in Human Behaviour, 2009, 25 (1): 96-102.

[4] Baumeister R F, Vohs K D, Tice D M. The strength model of self-control [J]. Current Directions in Psychological Science, 2007, 16 (6): 351-355.

[5] Bozoglan B, Demirer V, Sahin I. Loneliness, self-esteem, and life satisfaction as predictors of Internet addiction: A cross-sectional study among Turkish university students [J]. Scandinavian Journal of Psychology, 2013, 54 (4): 313-319.

[6] Bögels S M, Hellemans J, Deursen S V, et al. Mindful parenting in mental health care: Effects on parental and child psychopathology, parental Stress, parenting, coparenting, and marital functioning [J]. Mindfulness, 2014 (5): 536-551.

[7] Cerniglia L, Griffiths M D, Cimino S, et al. A latent profile approach for

the study of internet gaming disorder, social media addiction, and psychopathology in a normative sample of adolescents [J]. Psychology Research and Behavior Management, 2019 (12): 651-659.

[8] Chen H C, Wang J Y, Lin Y L, et al. Association of internet addiction with family functionality, depression, self-efficacy and self-esteem among early adolescents [J]. International Journal of Environmental Research and Public Health, 2020, 17 (23): 8820.

[9] Dillman-Carpentier F R, Brown J D, Bertocci M, et al. Sad kids, sad media? Applying mood management theory to depressed adolescents' use of media [J]. Media Psychology, 2008 (11): 143-166.

[10] Durkin K, Baber B. Not so doomed: Computer game play and positive adolescent development [J]. Journal of Applied Development Psychology, 2002, 23 (4): 373-393.

[11] Esposito M R, Serra N, Guillari A, et al. An investigation into video game addiction in pre - adolescents and adolescents: A cross - sectional study [J]. Medicina, 2020, 56 (5): 221-236.

[12] Farmer R, Sundberg N D. Boredom proneness-The development and correlates of a new scale [J]. Journal of Personality Assessment, 1986, 50 (1): 4-17.

[13] Finserås T R, Pallesen S, Mentzoni R A, et al. Evaluating an internet gaming disorder scale using Mokken scaling analysis [J]. Frontiers in Psychology, 2019, 10 (4): 1-8.

[14] Gentile D A, Choo H, Liau A, et al. Pathological video game use among youths: A two - year longitudinal study [J]. Pediatrics, 2011, 127 (2): 319-329.

[15] Green C S, Bavelier D. Action-video-game experience alters the spatial resolution of vision [J]. Psychological Science, 2010, 18 (1): 88-94.

[16] Griffiths M. "Internet addiction: Does it really exist?" Psychology and the Internet: Intrapersonal, Interpersonal, and Transpersonal Implications [M]. San Diego: Academic Press, 1998.

［17］Guo Y N, You X H, Gu Y B, Wu G Q, Xu C H. A moderated mediation model of the relationship between quality of social relationships and internet addiction: Mediation by loneliness and moderation by dispositional optimism ［J］. Current Psychology: A Journal for Diverse Perspectives on Diverse Psychological Issues, 2020, 39（4）: 1303-1313.

［18］Hayes A F. Beyond Baron and Kenny: Statistical mediation analysis in the new millennium ［J］. Communication Monographs, 2009, 76（4）: 408-420.

［19］Helena M, Cristina C M. Does the association between mindful parenting and adolescents' dispositional mindfulness depend on the levels of anxiety and depression symptomatology in mothers? ［J］. Journal of Adolescence, 2018, 68（7）: 22-31.

［20］Janarthanan B, Mark D G. Perceived addictiveness of smartphone games: A content analysis of game reviews by players ［J］. International Journal of Mental Health and Addiction, 2019, 17（4）: 922-934.

［21］Jeroen S L, Patti M V, Jochen P. Psychosocial causes and consequences of pathological gaming ［J］. Computers in Human Behavior, 2010, 27（1）: 144-152.

［22］Kim H H, Davis K E. Toward a comprehensive theory of problematic internet use: Evaluating the role of self-esteem, anxiety, flow, and the self-rated importance of internet activities ［J］. Computers in Human Behavior, 2009, 25（7）: 490-505.

［23］Li C, Huang C Y, Lin W Y, et al. Gender differences in punishment and reward sensitivity in a sample of Taiwanese college students ［J］. Personality and Individual Differences, 2007, 43（3）: 475-483.

［24］Lin C H, Yu S F. Adolescent internet usage in Taiwan: Exploring gender differences ［J］. Adolescence, 2008, 43（7）: 317-329.

［25］Malecki C K, Demaray M K. Measuring perceived social support, development of the child and adolescents social support scales ［J］. Psychology in the School, 2002, 39（1）: 1-18.

［26］Moeller F G, Barratt E S, Dougherty D M, et al. Psychiatric aspects of impulsivity〔J〕. American Journal of Psychiatry, 2001, 158（11）: 1783-1793.

〔27〕 Odaci H. Academic self-efficacy and academic procrastination as predictors of problematic internet use in university students〔J〕. Computers and Education, 2011, 57（1）: 1109-1113.

〔28〕 Schwarzer R, Born A. Optimistic self-beliefs: Assessment of general perceived self-efficacy in thirteen cultures〔J〕. Word Psychology, 1997, 3（1-2）: 177-190.

〔29〕 Sherry J L. Violent video games and aggressive: Why can't we find effects〔A〕.//Preis R W, Gayle B M, Burrell N, et al. Mass media effects research: Advances through meta-analysis〔M〕, Mahwah: Lawrence Erbaum Associates Publishers, 2007.

〔30〕 Skues J, Williams B, Oldmeadow J L, et al. The effects of boredom, loneliness, and distress tolerance on problem internet use among university students〔J〕. International Journal of Mental Health and Addiction, 2016, 14（2）: 167-180.

〔31〕 Spence I, Feng J. Video games and spatial cognition〔J〕. Review of General Psychology, 2010, 14（2）: 92-104.

〔32〕 Struk A A, Carriere J S A, Cheyne J A, Danckert J. A short boredom proneness scale: Development and psychometric properties〔J〕. Assessment, 2017, 24（3）: 346-359.

〔33〕 Struk A A, Scholer A A, Danckert J. A self-regulatory approach to understanding boredom proneness〔J〕. Cognition and Emotion, 2015, 30（8）: 1-14.

〔34〕 Sun J C, Jang J H, Ji Y L, et al. Self-efficacy and clinical characteristics in casual gamers compared to excessive gaming users and non-gamers in young adults〔J〕. Journal of Clinical Medicine, 2020, 9（9）: 2720.

〔35〕 Tangney J P, Baumeister R F, Boone A L. High self-control predicts good adjustment, less pathology, Bettergrades, and interpersonal success〔J〕. Journal of Personality, 2004, 72（2）: 271-324.

〔36〕 Tham S M, Ellithorpe M E, Meshi D. Real-world social support but not in-game social support is related to reduced depression and anxiety associated with problematic gaming [J]. Addictive Behaviors, 2020, 106 (7): 35-49.

[37] Wang C W, Chan C, Kwok-Kei M, et al. Prevalence and correlates of video and internet gaming addiction among Hong Kong adolescents: A pilot study [J]. Scientific World Journal, 2014, 8 (7): 46-48.

[38] Wang J L, Sheng J R, Wang H Z. The association between mobile game addiction and depression, social anxiety, and loneliness [J]. Frontiers in Public Health, 2019, 7 (9): 247-259.

[39] Young K S. Internet addiction: The emergence of a new clinical disorder [C]. The 104th Annual Meeting of the American Psychological Association, Toronto, Canada, 1996.

[40] Yu Y Q, Mo Pk H, Zhang J X, et al. Why is internet gaming disorder more prevalent among Chinese male than female adolescents? The role of cognitive mediators [J]. Addictive Behaviors, 2020, 112 (2): 106637.

[41] 阿伯特·班杜拉. 社会学习心理学 [M]. 郭占基, 周国韬, 等译. 长春: 吉林教育出版社, 1988.

[42] 安宏玉. 无聊倾向对网络游戏成瘾的影响: 网络游戏认知偏差的中介作用 [J]. 教育理论与实践, 2020, 40 (15): 42-44.

[43] 班珍珍. 小组工作介入留守儿童手游成瘾问题实务研究——以 Y 市 L 乡留守儿童为例 [D]. 兰州: 兰州大学硕士学位论文, 2019.

[44] 曹枫林. 青少年网络成瘾的心理机制、脑功能影像学及团体心理干预研究 [D]. 长沙: 中南大学博士学位论文, 2007.

[45] 曹建琴, 才运江, 杨军, 李杨, 周郁秋. 青少年一般自我效能感与网络成瘾的关系研究 [J]. 中国全科医学, 2010, 13 (31): 3533-3534.

[46] 车国燕. 谈青少年手机游戏成瘾原因及其对策 [J]. 才智, 2019 (8): 230-231.

[47] 陈党. 我国网络游戏内容监管政策的发展 [J]. 岭南师范学院学报, 2016, 37 (2): 38-45.

[48] 陈晶晶, 陈浩. 小学生网络游戏成瘾倾向与家庭环境的关系——以福州 466 名小学生为例 [J]. 湖南第一师范学院学报, 2013, 13 (2): 25-28.

［49］陈淑惠，翁丽祯，苏逸人，等.中文网络成瘾量表之编制与心理计量特性研究［J］.中华心理学刊，2003，3（45）：279-294.

［50］陈晓蕾，刘娟，王丹丹.大学生手机成瘾现状及其心理归因探索［J］.学理论，2020（8）：65-66.

［51］陈逸健，黄时华，周庆安，喻承甫，王苑芮，龚文进.大一新生无聊倾向性、人际关系困扰与网络游戏成瘾的相互作用［J］.医学与社会，2020，33（7）：90-93.

［52］程建伟，方银萍，杨森.高职生一般自我效能感与网络成瘾：应对方式的中介作用［J］.中国健康心理学杂志，2019，27（4）：623-627.

［53］崔光辉，田园.大学生社会支持在手机成瘾与抑郁间的作用［J］.中国学校卫生，2020，41（2）：221-223.

［54］戴秋辉.网络游戏分级制度探讨［D］.南宁：广西大学硕士学位论文，2019.

［55］戴坤懿.青少年网络游戏成瘾诊断标准的修订、成瘾模型的构建与防治研究［D］.杭州：浙江大学博士学位论文，2012.

［56］戴晓阳，张进辅，程灶火.常用心理评估量表手册［M］.北京：人民军医出版社，2014.

［57］单晓红.媒介素养引论［M］.杭州：浙江大学出版社，2008.

［58］董昆.手机游戏的发展现状及特点［J］.数字技术与应用，2011（1）：122-122.

［59］董晓玉.高中生父母教养方式、时间管理倾向与网络游戏成瘾的关系［D］.曲阜：曲阜师范大学硕士学位论文，2019.

［60］杜江红，杨鑫，聂光辉.医学生成人依恋自我同一性与手机成瘾的关系［J］.中国学校卫生，2016，37（8）：1250-1252.

［61］段水莲，梁子漪.社会支持在自尊和心理弹性关系的调节效应［J］.校园心理，2019，17（6）：435-438.

［62］樊娟.新生代大学生文化认同危机及其应对［J］.中国青年研究，2009（7）：37-41.

［63］菲利普·赖斯.压力与健康［M］石林，译.北京：中国轻工业出版社，2000.

［64］风笑天.社会研究方法（第五版）［M］.北京：中国人民大学出版社，2018.

［65］冯立新.论网络游戏的本体特征［J］.山东师范大学学报（人文社会科学版），2007，52（4）：10-14.

［66］符明秋，校嘉柠.青少年手机成瘾的原因、危害与预防研究［J］.成都理工大学学报（社会科学版），2014，22（2）：74-78.

［67］付兵红，彭礴.江西省大学生手机依赖羞怯与孤独感的关系［J］.中国学校卫生，2020，41（1）：125-127.

［68］高科，李琼，黄希庭.自我控制的能量模型：证据、质疑和展望［J］.心理学探新，2012，32（2）：110-115.

［69］葛续华，祝卓宏.青少年社会支持与手机成瘾关系的实证研究［J］.中国卫生统计，2014（5）：880-832.

［70］共青团中央维护青少年权益部，中国互联网络信息中心.2019年全国未成年人互联网使用情况研究报告［R］.2020.

［71］顾菲菲.工作价值观对工作倦怠的影响：工作满意度的中介作用［D］.南京：东南大学硕士学位论文，2017.

［72］郭白璐.互联网时代下网络游戏的文化传播效果分析——以手机游戏为例［J］.传媒论坛，2020，3（10）：138+140.

［73］韩登亮，齐志斐.大学生手机成瘾症的心理学探析［J］.当代青年研究，2005（12）：12-16.

［74］韩瑞卿.大学生学业焦虑和学业厌倦对手机成瘾的影响［D］.长春：吉林大学硕士学位论文，2020.

［75］何灿，夏勉，江光荣，魏华.自尊与网络游戏成瘾——自我控制的中介作用［J］.中国临床心理学杂志，2012，20（1）：58-60.

［76］何婕.信息化背景下五年制高职学生手机游戏成瘾干预策略研究［J］.数码世界，2020（11）：54-55.

［77］衡书鹏，周宗奎，雷玉菊，牛更枫.现实-理想自我差异对青少年游戏成瘾的影响：化身认同和沉浸感的序列中介作用［J］.心理与行为研究，2018，16（2）：253-260.

［78］黄俊杰.手机游戏中的文化营销创新策略——以《阴阳师》为例

［J］.商业经济，2017（8）：87-92.

［79］黄连秀，陈喜凤，张冰蓉.大学生时间管理倾向及其与自我效能感的相关研究［J］.黑龙江教育学院学报，2011，30（6）：114-115.

［80］黄少华，杨岚，梁梅明.网络游戏中的角色扮演与人际互动——以《魔兽世界》为例［J］.兰州大学学报（社会科学版），2015，43（2）：93-103.

［81］黄时华，李冬玲，张卫，李董平，钟海荣，黄诚恳.大学生无聊倾向问卷的初步编制［J］.心理发展与教育，2010，26（3）：308-314.

［82］黄思旅，甘怡群.青少年网络游戏成瘾量表的修订和应用［J］.中国临床心理学杂志，2006，14（1）：8-10.

［83］黄希庭，张志杰.青少年时间管理倾向量表的编制［J］.心理学报，2001a（4）：338-343.

［84］黄希庭，张志杰.论个人的时间管理倾向［J］.心理科学，2001b（5）：516-518+636.

［85］黄岳，马海林.大学生手机游戏沉迷对冲动性行为的影响初探［J］.现代经济信息，2018（4）：405-406.

［86］黄峥，钱铭怡，朱松，沈东郁，张智丰.人际团体辅导对游戏成瘾大学生的干预效果［J］.中国心理卫生杂志，2010，24（1）：29-33.

［87］贾文雅.大学生时间管理倾向与自我效能感、焦虑的关系研究［J］.吕梁教育学院学报，2010，27（3）：18-19.

［88］江君.大学生时间管理倾向与自我效能的相关研究［J］.中国健康心理学杂志，2011，19（1）：104-106.

［89］江伟.积极情绪对自我损耗下自我控制的影响［J］.心理研究，2015，8（3）：30-36.

［90］蒋泽剑.王者荣耀手机游戏营销策略研究［D］.沈阳：沈阳理工大学硕士学位论文，2020.

［91］靳宇倡，余梦，胡云龙.网络游戏成瘾研究的争议及趋势［J］.心理科学进展，2019，27（1）：83-95.

［92］兰迪·拉森，戴维·巴斯.人格特质［M］.郭永玉，陈继文，译.北京：人民邮电出版社，2012.

［93］雷雳，柳铭心.青少年的人格特征与互联网社交服务使用偏好的关系［J］.心理学报，2005，37（6）：797-802.

［94］李超民.大学生网瘾成因及防治方法体系研究［D］.长沙：中南大学博士学位论文，2012.

［95］李翠云，汪立群，徐莲娣.团体心理辅导对大学生孤独感及应对方式的改善效果研究［J］.内蒙古财经大学学报，2017，15（5）：111-114.

［96］李会文.积极心理学视角下大学生的网络流畅体验及其相关研究［D］.郑州：郑州大学硕士学位论文，2015.

［97］李奎刚，王晨艳.新形势下大学生网络人际交往的探析［J］.成都中医药大学学报（教育科学版），2020，22（2）：92-93+103.

［98］李玲.青少年网络媒介素养现状及对策研究［D］.长沙：湖南师范大学硕士学位论文，2014.

［99］李腾飞，张良.大学生社会支持与手机成瘾的关系：孤独感的中介作用［J］.青少年学刊，2015（1）：50-53.

［100］李天亮.手机游戏顾客感知价值对使用意愿的影响研究［D］.广州：华南理工大学硕士学位论文，2012.

［101］李挺.空间挤压与行为选择：儿童手游流行的空间视角分析［J］.社会教育，2019（12）：2-6.

［102］李晓敏，辛铁钢，尚文晶，刘勇，杜玉凤，吕丽霞，李宝芬.简版无聊倾向量表在大学生群体中的试用［J］.中国临床心理学杂志，2016a，24（6）：1029-1033.

［103］李晓敏，辛铁钢，张琳钰，杜玉凤，刘勇，姜永志.中学生无聊倾向自我控制与手机成瘾的关系［J］.中国学校卫生，2016b，37（10）：1487-1490.

［104］李心怡，向慧，邹涛，陈洁宇，骆亚梅.基于正念的网络游戏成瘾综合干预［J］.国际精神病学杂志，2019，46（2）：221-224.

［105］李雪果，易仲怡.广州大学生网络游戏成瘾与无聊倾向性的相关研究［J］.科教文汇，2014（9）：193-196.

［106］李雪平，刘月.大学生的时间管理倾向与幸福感：一般自我效能感的中介作用［J］.中国健康心理学杂志，2016，24（10）：1576-1580.

［107］李雪婷，邓蒙，杨玲，陈苏云，黎燕宁.广西在校大学生手机游戏成瘾现状及影响因素研究［J］.广西医科大学学报，2020，37（5）：944-949.

［108］李沂，裴旭东.目前我国手机网游营销状况与对策研究［J］.西安石油大学学报（社会科学版），2015，24（4）：48-53.

［109］李羲.大学生手机游戏沉迷研究［D］.长沙：湖南大学硕士学位论文，2018.

［110］李孟甲，栗新燕，侯建昌.大学生手机游戏成瘾与自我效能感的关系研究［J］.山东青年，2017（9）：1-4.

［111］罗娇.大学生手机依赖与安全感的相关性及其对策研究［D］.南昌：江西科技师范大学硕士学位论文，2017.

［112］梁维科.青年手机游戏成瘾的原因与负面影响分析［J］.山东青年政治学院学报，2011，27（5）：26-29.

［113］廖均君，杨澜.手机游戏市场的盈利模式及其风险分析［J］.教育教学论坛，2018（44）：68-71.

［114］林崇德.心理学大辞典［M］.上海：上海教育出版社，2003.

［115］林鹏超.手机游戏的发展现状和特点［J］.信息与电脑，2016（18）：116-117.

［116］刘红，王洪礼.大学生的手机依赖倾向与孤独感［J］.中国心理卫生杂志，2012，26（1）：66-69.

［117］刘琬璐.手机游戏用户的沉迷性体验研究——以"王者荣耀"为例［D］.武汉：湖北大学硕士学位论文，2018.

［118］刘晓岩，张春波，王锐.论手机游戏对大学生的影响与对策［J］.黑龙江教育（理论与实践），2018（10）：35-37.

［119］刘雪琳.手机游戏中人际交往对青少年的影响［D］.济南：山东师范大学硕士学位论文，2019.

［120］刘亚娜，叶哲涵，徐惠丽.比较研究视角下我国网络游戏分级制度的完善［J］.吉林工商学院学报，2015，31（6）：80-84.

［121］卢西亚·罗莫，斯蒂芬妮·比乌拉克，劳伦斯·科恩，格雷戈里·米歇尔.青少年电子游戏与网络游戏成瘾［M］.葛金玲，译.上海：上海社会科学院出版社，2016.

[122] 陆晔. 中国传播学评论：媒介素养专辑（第三辑）[M]. 上海：复旦大学出版社，2008.

[123] 罗鑫森，熊思成，张斌，毛新志. 大学生手机成瘾与抑郁的关系：孤独感的中介作用 [J]. 中国健康心理学杂志，2019，27（6）：915-918.

[124] 梅松丽，张明，张秀玲，等. 基于延迟折扣任务的网络成瘾者冲动性研究 [J]. 心理科学，2010（3）：722-725.

[125] 孟晓辉，欧剑. 游戏沉浸形成过程中的心理注意因素分析 [J]. 科技创新导报，2011（13）：216-217.

[126] 米哈里·希斯赞特米哈伊. 创造力：心流与创新心理学 [M]. 黄珏萍，译. 杭州：浙江人民出版社，2015.

[127] 米哈里·希斯赞特米哈伊. 生命的心流 [M]. 陈秀娟，译. 北京：中信出版社，2009.

[128] 欧文·戈夫曼. 污名——受损身份管理札记 [M]. 宋立宏，译. 北京：商务印书馆，2019.

[129] 潘斌，张良，张文新，纪林芹. 青少年学业成绩不良、学业压力与意志控制的关系：一项交叉滞后研究 [J]. 心理发展与教育，2016，32（6）：717-724.

[130] 庞勇，何明升. 网络成瘾与病态人格的选择性亲和 [J]. 学术交流，2005，21（11）：131-134.

[131] 彭红雷，姜旭英. 大学生网络成瘾与时间管理倾向关系 [J]. 中国公共卫生，2011，27（6）：764-765.

[132] 齐轶丹. 狂欢与异化 [D]. 福州：福建师范大学硕士学位论文，2004.

[133] 钱中文. 巴赫金全集（第6卷）[M]. 石家庄：河北教育出版社，2009.

[134] 曲敏丽，张雨青. 父母电子产品干扰与青少年网络游戏成瘾的关系 [J]. 中国卫生统计，2020，37（2）：212-214.

[135] 申自力，蔡太生. 低自尊的心理学研究 [J]. 中国临床心理学杂志，2007（6）：634-636.

[136] 束丽文. 初中生网络游戏成瘾与人格特质、应对方式的关系研究

[D].南京：南京师范大学硕士学位论文，2016.

[137] 宋文婷.初中生大五人格、自我控制与网络关系成瘾的关系研究
[D].深圳：深圳大学硕士学位论文，2018.

[138] 孙崇勇，李淑莲，徐华丽，苟赟洁，李凌璨.中学生自尊、社会支
持与手机游戏沉迷关系 [J].四川精神卫生，2020，33（6）：546-550.

[139] 孙配贞，余祖伟.应对方式在中学生自尊与网络游戏成瘾中的中介
作用 [J].心理研究，2014，7（5）：88-92.

[140] 谭树华，郭永玉.有限自制力的理论假设及相关研究 [J].中国临
床心理学杂志，2008，16（3）：309-311.

[141] 滕国鹏，金盛华.大学生自尊对信任影响的群体效应研究 [J].中
国特殊教育，2015（4）：84-88.

[142] 田慧.大学生压力性生活事件与网络游戏成瘾的关系：一个有调节
的中介模型 [D].长沙：湖南师范大学硕士学位论文，2019.

[143] 童媛添，连帅磊，孙晓军，邱晓雯.无聊倾向对手机成瘾的影
响：有调节的中介效应分析 [J].中国临床心理学杂志，2019，27（6）：
1115-1120.

[144] 屠斌斌，章俊龙，姜伊素.大学生手机成瘾倾向问卷的初步编制
[J].和田师范专科学校学报，2010（4）：25-29.

[145] 拓颖，沈浩.浅析手机游戏的发展现状及未来趋势 [J].甘肃科技，
2013，29（5）：79-80.

[146] 王红姣，卢家楣.中学生自我控制能力问卷的编制及其调查 [J].
心理科学，2004，27（6）：1477-1482.

[147] 王欢，黄海，吴和鸣.大学生人格特征与手机依赖的关系：社交焦
虑的中介作用 [J].中国临床心理学杂志，2014，22（3）：447-450.

[148] 王恪.大学生网络成瘾的预防与戒除 [M].北京：北京航空航天大
学出版社，2013.

[149] 王盼，甘怡群，李敏.高中生电脑游戏成瘾倾向与父母教养方式的
关系 [J].中国临床心理学杂志，2006（5）：460-462.

[150] 王文佳.基于人眼识别的手机游戏防沉迷系统设计与实现 [D].成
都：电子科技大学硕士学位论文，2015.

［151］王相英.大学生手机成瘾与孤独感、人格特质的关系研究［J］.中国特殊教育，2012（12）：59-63.

［152］王小运，伍安春.大学生手机成瘾行为的成因及其对策［J］.重庆邮电大学学报（社会科学版），2012，24（1）：40-43.

［153］王晓滨.符号互动理论视野下的犯罪原因研究［D］.长春：吉林大学博士学位论文，2015.

［154］王胤琦.青少年学习压力与网络游戏成瘾的关系机制研究［D］.深圳：深圳大学，2019.

［155］魏华.压力对网络成瘾的影响及其作用机制［D］.武汉：华中师范大学博士学位论文，2014.

［156］魏淑华，邹佳颖，董及美.大学生无聊倾向与手机依赖的关系：有中介的调节模型［J］.鲁东大学学报（哲学社会科学版），2019，36（3）：89-96.

［157］温忠麟，叶宝娟.中介效应分析：方法和模型发展［J］.心理科学进展，2014，22（5）：731-745.

［158］温忠麟，张雷，侯杰泰，刘红云.中介效应检验程序及其应用［J］.心理学报，2004（5）：614-620.

［159］武娇.大学生手机依赖与无聊感的关系：自我控制的中介作用［D］.上海：上海师范大学硕士学位论文，2018.

［160］武晓锐.手机成瘾大学生注意偏向及其机制的实验研究［D］.南昌：江西师范大学硕士学位论文，2015.

［161］谢静.体育锻炼对大学生自我控制能力的影响［D］.重庆：西南大学硕士学位论文，2013.

［162］谢应宽.B.F.斯金纳强化理论探析［J］.贵州师范大学学报（自然科学版），2003，21（1）：110-114.

［163］熊婕，周宗奎，陈武，游志麒，翟紫燕.大学生手机成瘾倾向量表的编制［J］.中国心理卫生杂志，2012，26（3）：222-225.

［164］徐畅.父母教养方式对大学生手机依赖的影响：社会支持、孤独感的多重中介［D］.长沙：湖南师范大学硕士学位论文，2018.

［165］徐华丽，孙崇勇，高悦.大学生人格特质对手机成瘾倾向的影响

[J].四川精神卫生，2017，30（5）：458-462.

［166］徐嘉骏，曹静芳，崔立中，朱鹏.中学生学习压力问卷的初步编制［J］.中国学校卫生，2010，31（1）：68-69.

［167］徐晟.社会赞许性的争议、应用与展望［J］.南开学报（哲学社会科学版），2014（3）：152-160.

［168］徐四华.网络成瘾者的行为冲动性——来自爱荷华赌博任务的证据［J］.心理学报，2012，44（11）：1523-1534.

［169］徐轶丽，桑标.青少年成长环境的新认识——哈里斯（J. R. Harris）的群体社会化理论及其评价［J］.当代青年研究，2003（3）：13-19.

［170］许蓝云，陈晓东.沉迷手机游戏的留守儿童问题分析——基于优势视角［J］.社会与公益，2020（3）：62-64.

［171］许阳，苏萍，甄霜菊，张卫.青少年网络游戏成瘾：学校、同伴以及父母的影响［J］.教育测量与评价，2017（6）：52-58.

［172］薛可，余明阳.人际传播学［M］.上海：同济大学出版社，2007.

［173］闫宏微.大学生网络游戏成瘾问题研究［M］.上海：上海人民出版社，2015.

［174］严万森，兰燕，张冉冉.大学新生冲动性特征与网络成瘾的关系［J］.中国学校卫生，2016，37（12）：1887-1892.

［175］严玉莹.网络游戏市场准入法律制度研究［D］.西安：长安大学硕士学位论文，2018.

［176］燕道成，黄果.污名化：新闻报道对网游青少年的形象建构［J］.国际新闻界，2013（1）：110-117.

［177］燕道成.国外网络游戏管理及启示［J］.中国青年研究，2009（8）：103-110.

［178］燕道成.中小学生网络游戏成瘾的心理成因与教育应对［J］.中国教育学刊，2014（2）：99-102.

［179］杨放如，郝伟.52例网络成瘾青少年心理社会综合干预的疗效观察［J］.中国临床心理学杂志，2005，13（3）：35+343-345.

［180］杨慧.具身视域下大学生无聊倾向和生活满意度的运动干预研究［D］.广州：广州大学硕士学位论文，2019.

[181] 杨金江，李德波，和立青，赵胜男.网络成瘾大学生的心理训练研究 [J].中国健康心理学杂志，2008，76（3）：269-271.

[182] 杨韶刚.寻找存在的真谛 [M].武汉：湖北教育出版社，2001.

[183] 杨雪.网络游戏沉浸感测量问卷的编制 [D].武汉：华中师范大学硕士学位论文，2015.

[184] 杨彦平，崔丽娟，赵鑫.团体心理辅导在青少年网络成瘾者矫治中的应用 [J].当代教育科学，2004（3）：46-48.

[185] 叶慧娟.网络游戏分级制度比较研究 [J].华东理工大学学报（社会科学版），2011，26（2）：83-90+116.

[186] 叶娜，张陆，游志麒，等.自尊对手机社交成瘾的作用：有调节的中介模型分析 [J].中国临床心理学杂志，2019（3）：515-519.

[187] 于涵.网络游戏的互动性因素探究 [D].青岛：青岛理工大学硕士学位论文，2016.

[188] 余丽.应对方式在青少年压力性生活事件与网络游戏成瘾中的中介作用 [J].中国儿童保健杂志，2017，25（3）：227-229+233.

[189] 余强.青少年学生网络游戏成瘾及其影响因素研究 [D].重庆：西南大学硕士学位论文，2007.

[190] 余祖伟，孙配贞.中学生网络游戏成瘾倾向与大七人格关系研究 [J].宁波大学学报（教育科学版），2012，34（1）：39-44.

[191] 袁宇杰.大学生手机游戏依赖的动机与对策研究 [D].武汉：华中科技大学硕士学位论文，2018.

[192] 约翰·赫伊津哈.游戏的人：文化中游戏成分的研究 [M].何道宽，译.广州：花城出版社，2007.

[193] 张碧.手机游戏心流体验与成瘾：自我控制的中介和调节作用 [D].北京：北京林业大学硕士学位论文，2019.

[194] 张国华，雷雳.人格与青少年网络游戏成瘾的关系：有调节的中介模型 [J].苏州大学学报（教育科学版），2015，3（3）：102-109.

[195] 张利.高职生网络游戏成瘾的现状调查与分析 [J].广西教育，2015（47）：22-24.

[196] 张萌.论手机游戏玩家的人际传播对手机游戏营销的作用 [D].沈

阳：辽宁大学硕士学位论文，2015.

［197］张敏，张林，阮鲁君.自尊在一般自我效能感与时间管理倾向之间的中介效应［J］.中国健康心理学杂志，2011，19（9）：1088-1090.

［198］张晓琳，叶诗敏，喻承甫，路红.师生关系与青少年网络游戏成瘾：学校参与的中介作用与未来取向的调节作用［J］.教育测量与评价，2018（2）：58-64.

［199］张亚利，李森，俞国良.孤独感和手机成瘾的关系：一项元分析［J］.心理科学进展，2020，28（11）：1836-1852.

［200］张亚利.大学生自尊与手机成瘾倾向的关系：自我控制与人际适应性的链式中介作用［D］.哈尔滨：哈尔滨师范大学硕士学位论文，2018.

［201］张芝.不同成瘾状态大学生网络使用者认知心理特征研究［D］.杭州：浙江大学博士学位论文，2018.

［202］郑剑虹，黄希庭.西方自我实现研究现状［J］.心理科学进展，2004（2）：296-303.

［203］郑雪.人格心理学［M］.广州：广东高等教育出版社，2004.

［204］周浩，龙立荣.共同方法偏差的统计检验与控制方法［J］.心理科学进展，2004，12（6）：942-950.

［205］周莉，姜刘贝.青少年游戏成瘾的心理原因及干预建议［J］.中小学心理健康教育，2020（15）：12-14.

［206］周润佳.手机网络游戏玩家的使用与满足研究［D］.大连：大连理工大学硕士学位论文，2018.

［207］周治金，杨文娇.大学生网络成瘾类型问卷的初步编制［J］.中国心理卫生杂志，2006（11）：754-757.

［208］朱传文.大学生压力、时间管理倾向与网络成瘾的关系研究［D］.长沙：中南大学硕士学位论文，2014.

［209］朱颖，侯玉波.线上福流与下线后的积极情感：生活满意度的中介作用［J］.北京教育学院学报（自然科学版），2015（1）：8-16.

［210］邹路琦，陈鹏.大学生一般自我效能感与网络成瘾的相关研究［J］.中国高等医学教育，2011（3）：30-31.

［211］邹昕胤.基于网络游戏的同伴交往与中学生同伴关系的关系研究

青少年手机游戏沉迷问题研究

［D］．南宁：广西民族大学硕士学位论文，2016.

［212］佐斌，马红宇．青少年网络游戏成瘾的现状研究——基于十省市的调查与分析［J］．华中师范大学学报（人文社会科学版），2010，49（4）：117-122.

附录 实证研究所使用的量表

亲爱的同学，您好！

我们是吉林师范大学的研究人员，欢迎参加此次问卷调查。本次调查的主要目的在于了解手机使用状况及其相关的因素。调查采取匿名的方式，此次调查结果仅用于科学研究，并对您个人的调查结果予以保密，您不必有所顾虑。在填写时，请您仔细阅读每一道问题，并根据自己的情况如实填写，按照自己的真实想法选择，不需要填写姓名。您是否如实地填写，对我们的研究非常重要。感谢您的真情参与！谢谢您的支持与配合！

首先，请填写您的个人资料（或在选项上打"√"）：

您的学校：＿＿＿＿＿＿＿＿

您的年龄：＿＿＿＿＿＿＿＿（请填写周岁）

您的性别：（1）男　　（2）女

您的年级：（1）初一　　（2）初二　　（3）初三　　（4）高一　　（5）高二
　　　　　（6）高三

您的家庭所在地：（1）城市　　（2）农村　　（3）城镇

您是否为独生子女：（1）是　　（2）否

您的成绩水平：（1）较好　　（2）中等　　（3）不理想

您父亲的文化程度：

（1）小学及以下　　（2）初中　　（3）高中或中专　　（4）大专及以上

您母亲的文化程度：

（1）小学及以下　　（2）初中　　（3）高中或中专　　（4）大专及以上

您家庭的经济状况：（1）差　　（2）一般　　（3）良好　　（4）优越

一、Rosenberg 自尊量表

下面是有关自我描述的 10 个题项，请按照您的实际情况作答。如果您觉得很符合您的情况，就记 1 分，非常不符合就记 5 分。具体记分：1 为非常同意，2 为同意，3 为不确定，4 为不同意，5 为非常不同意。带 ∗ 号的题在计分时，采取反向计分。也就是如果您非常同意就记 5 分，非常不同意就记 1 分。结果：得分越低，表明自尊越高；反之得分越高，表明自我价值和自尊越低。得分在 12 分之内，说明您是个高自尊的人；在 13~25 分，表明您的自尊较强；26~38 分说明您有自卑的倾向；39~50 分说明您很自卑。

题项	非常同意	同意	不确定	不同意	非常不同意
1. 我认为自己是个有价值的人，至少与别人不相上下。					
2. 我觉得自己有许多优点。					
∗3. 总体来说，我倾向于认为自己是一个失败者。					
4. 我做事可以做得和大多数人一样好。					
∗5. 我觉得自己没有什么值得自豪的地方。					
6. 我对自己持肯定的态度。					
7. 整体而言，我对自己很满意。					
∗8. 我要是能更看得起自己就好了。					
∗9. 有时我的确感到自己很没用。					
∗10. 有时我觉得自己一无是处。					

二、青少年社会支持量表

您好！这是一份关于青少年社会支持的量表。请根据您自身与各个项目所描述情况相符合的程度进行选择（在对应的选项内打"√"）。

题项	不符合	有点不符合	不确定	有点符合	符合
1. 大多数同学都很关心我。					
2. 当面对两难的选择时，我会主动向他人寻求帮助。					

续表

题项	不符合	有点不符合	不确定	有点符合	符合
3. 当有烦恼时，我会主动向家人、亲友倾诉。					
4. 我经常能得到同学、朋友的照顾和支持。					
5. 当遇到困难时，我经常会向家人、亲人寻求帮助。					
6. 我周围有许多关系密切且可以给予我支持和帮助的人。					
7. 在我遇到问题时，同学、朋友会出现在我身旁。					
8. 在困难的时候，我可以依靠家人或亲友。					
9. 我经常从同学、朋友那里获得情感上的帮助和支持。					
10. 我经常能得到家人、亲友的照顾和支持。					
11. 需要时，我可以从家人、亲友那里得到经济支持。					
12. 当遇到麻烦时，我通常会主动寻求别人的帮助。					
13. 当我生病时，总能得到家人、亲友的照顾。					
14. 当有烦恼时，我会主动向同学、朋友倾诉。					
15. 在我遇到问题时，家人、亲友会出现在我身旁。					
16. 我经常从家人、亲友那里获得情感上的帮助和支持。					
17. 当遇到困难时，我经常会向同学、朋友寻求帮助。					

◆ 三、手机游戏沉迷量表

您好！欢迎您参加此次调查，本问卷仅用于学术研究，不作商业用途，您的信息不会被泄露，请放心填写（在相符的选项内打"√"）。本问卷希望了解您的真实情况，答案无正误之分，请您据实填写。衷心感谢您的配合，祝您生活愉快，谢谢！

题型	没有	偶尔	有时	经常	总是
1. 参与游戏时间超过预期时长。					
2. 因为参与游戏忽略了其他重要事情。					
3. 被他人干扰时会感到愤怒或烦躁。					
4. 更希望与朋友一起参与游戏而不是会面。					

续表

题型	没有	偶尔	有时	经常	总是
5. 因参与游戏影响正常学习或工作。					
6. 现在比以前花费更多的时间在游戏上。					
7. 脱离游戏情景后感到精神不振。					
8. 即使不参与游戏也不下线。					
9. 经常占用大量其他活动时间参与游戏。					
10. 参与游戏太久出现身心不适感。					
11. 参与游戏直到深夜，不能按时入睡。					
12. 回到游戏情景中后精神抖擞。					
13. 不管情况是否紧急先参与游戏再说。					
14. 生活中如果没有游戏将毫无趣味。					
15. 离开游戏情景后仍念念不忘。					
16. 手机游戏是娱乐放松的首选。					
17. 想要减少参与游戏时间但未成功。					
18. 宁愿参与游戏也不愿参加集体活动。					
19. 时常忍不住打开游戏。					
20. 只要有时间就频繁参与游戏。					

◆ 四、学习压力量表

指导语：下面是一些个人对自我认知的陈述。在答题时，请看清楚每句话的含义，根据每句话与您现在对自己的看法相符合的程度，在对应的选项内打"√"，1 代表这句话完全不符合您的情况，2 代表比较不符合，3 代表不确定，4 代表比较符合，5 代表完全符合。每个人对自己的看法都有其独特性，因此答案是没有对错之分的，您只要如实回答就可以了，谢谢！

题项	完全不符合	比较不符合	不确定	比较符合	完全符合
1. 我觉得学习是一件很累、很烦的事情。					
2. 父母经常当着别人的面批评我，说我懒，不用功。					

续表

题项	完全不符合	比较不符合	不确定	比较符合	完全符合
3. 我觉得老师把分数看得比人重要，总戴有色眼镜看我。					
4. 当我写作业时我感觉到很无奈。					
5. 我经常与父母发生冲突。					
6. 我从不跟父母聊我在学校的事。					
7. 我的学习问题很多，但我已经越来越无所谓了。					
8. 回到家里父母经常对我唠叨，我感到很厌烦。					
9. 我很讨厌老师主动打电话跟父母说我在学校的情况。					
10. 老师对我有某种成见，总是看我不顺眼。					
11. 考试时，当我想不起原来掌握的知识时，心里很焦虑。					
12. 我很讨厌父母在别人面前谈起我的学习情况。					
13. 我认为考不了大学就找不到好工作。					
14. 我看到老师总是躲得远远的。					
15. 我很担心老师叫我担任班干部。					
16. 一次考试失利，对我的情绪影响波动很大。					
17. 夜里睡觉时，总是想着明天的功课。					
18. 即使是假期，我也喜欢一个人待在房间里，很少与父母交流。					
19. 听说要考试心里就很紧张。					
20. 当我烦恼时，我觉得我没有一个知心朋友可以诉说。					
21. 在老师或家长督促我时，我才会主动学习。					

◆ **五、自我控制量表**

请根据您的实际情况，在下面每个阐述中，选出最符合的一项。答案没有对错之分，您的所有信息我们都将保密，不会泄露给任何人，所以请放心填写。1＝极不符合，2＝不符合，3＝不确定，4＝符合，5＝非常符合。下面请您逐条阅读并认真做出回答，打勾或者画圈均可，不要漏选、串行，谢谢您的参与！

题项	极不符合	不符合	不确定	符合	非常符合
1. 对我来说，改掉坏习惯很困难。					
2. 我会说一些不恰当的话。					
3. 我希望我能更自律一些。					
4. 我会做一些能给自己带来快乐但对自己有害的事情。					
5. 我不会去做对我有害的事情。					
6. 我很懒惰。					
7. 大家认为我有很强的自制力。					
8. 有时我会受到一些有趣事情的干扰而无法按时完成任务。					
9. 我难以集中注意力。					
10. 我能为了一个长远目标而高效地工作。					
11. 有时我会忍不住去做一些事情，即使我知道那样做是错误的。					
12. 我做事之前常常考虑不周。					
13. 我很善于抵制诱惑。					

◆ **六、自我效能感量表**

以下是关于您平时对自己的一些看法，请根据您的实际情况（实际感受），在下面相符的选项内打"√"。1＝完全不正确，2＝有点正确，3＝多数正确，4＝完全正确。答案没有对错之分，对每一个句子无须过多考虑。

题项	完全不正确	有点正确	多数正确	完全正确
1. 如果我尽力去做的话,我总是能够解决问题的。				
2. 即使别人反对我,我仍有办法取得我所要的。				
3. 对我来说,坚持理想和达成目标是轻而易举的。				
4. 我自信能有效地应对任何突如其来的事情。				
5. 以我的才智,我定能应对意料之外的情况。				
6. 如果我付出必要的努力,我一定能解决大多数的难题。				
7. 我能冷静地面对困难,因为我信赖自己处理问题的能力。				
8. 面对一个难题时,我通常能找到几种解决方法。				
9. 遇到麻烦时,我通常能想到一些应对的方法。				
10. 无论什么事发生在我身上,我都能够应对自如。				

◆ 七、时间管理倾向量表

我们正在进行一项关于中职学生业余时间管理情况的调查问卷,恳请您用几分钟时间帮忙填答这份问卷。本问卷实行匿名制,所有数据只用于统计分析,请您放心填写(在相符的选项内打"√")。题目选项无对错之分,请您根据自己的实际情况,按第一印象填写即可。谢谢您的参与。

题项	完全不符合	大部分不符合	部分符合部分不符合	大部分符合	完全符合
1. 我认为"一寸光阴一寸金"这句话是正确的。					
2. 我通常把每天的活动安排成一个日程表。					
3. "时间就是效益"这句话是正确的。					
4. 我每天都给自己制定一个学习目标。					
5. 无论做什么事情,我首先要考虑的是时间因素。					
6. 我以为将来比现在和过去更重要。					

续表

题项	完全 不符合	大部分 不符合	部分符合 部分不符合	大部分 符合	完全 符合
7. 我总是把最重要的工作安排在活动效率最高的时间里去做。					
8. 无论做什么事情我总是既有短期安排又有长期计划。					
9. 目前我尚年轻，浪费一些时间无所谓。					
10. 在每周开始之前，我都制定了目标。					
11. 对每个人来说，时间就是一切。					
12. 在每个学期我都要制定自己的学习计划。					
13. 我认为我在学习和课外活动上的时间分配是合理的。					
14. 我总是把大量的时间花在做重要的工作上。					
15. 在新年开始的时候，我通常都要制定这一年中自己的奋斗目标。					
16. 我相信时间就是生命。					
17. 我课后复习功课的时间是由老师布置的作业量来决定的。					
18. 我认为时间是可以有效地加以管理的。					
19. 我通常把重要的任务安排在计划表的重要位置上。					
20. 我能够有效地利用自己的时间。					
21. 我经常根据实际情况对计划进行调整。					
22. 如果有几件事要同时做，我经常通过衡量它们的重要性来安排时间。					
23. 我能够很好地利用课堂上的学习时间。					
24. 我对自己设定的目标充满信心。					
25. 我对每个星期要做的事情都有一个计划安排。					

续表

题项	完全不符合	大部分不符合	部分符合部分不符合	大部分符合	完全符合
26. 我经常对自己利用时间的情况进行总结。					
27. 在同时处理几件事情时，我认为最好是每件事情都做一些。					
28. 利用好时间对我具有重要意义。					
29. 我对自己浪费掉的时间深感懊悔。					
30. 我确定的目标通常都难以实现。					
31. 世上最宝贵的是时间。					
32. 我的时间大部分都掌握在自己手中。					
33. 我通常根据学习任务的重要性来安排学习的先后次序。					
34. 只要是重要的工作，我一定要挤时间去做。					
35. 我相信我的计划安排通常是合理的。					
36. 我认为我对事情重要性的顺序安排是合理的。					
37. 要做的事情很多，我却能处理好这些事。					
38. 我常常与同学交流合理利用时间的经验。					
39. 我认为时间就是力量。					
40. 我通常能按时完成老师布置的作业。					
41. 我常常对自己的工作在什么时候完成没有一个期限。					
42. 我每天什么时候学习，什么时候玩都有一个清楚的想法。					
43. 为了提高时间利用效率，我经常学习有关如何有效利用时间的知识。					
44. 我总是根据目标的完成情况来检验自己的计划。					

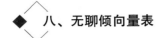 八、无聊倾向量表

亲爱的同学，您属于容易无聊的人群吗？请来测试一下吧。在每个题项后给自己打分，分值在 1~7。

题项	记分
1. 在必须做一些毫无意义的事情时，我常常感到困扰。	
*2. 我脑海里始终有许多计划和任务需要去做。	
*3. 对我而言，自娱自乐是件容易的事儿。	
4. 工作时，我常为其他事情忧心忡忡。	
5. 时间似乎总是过得很慢。	
6. 我经常发现自己"闷得慌"，但又不知道该干点什么。	
7. 我需要做的都是些重复单调的事情。	
8. 与大多数人相比，我需要更多的刺激才能促使我前进。	
*9. 我能从自己做的大多数事情中寻找到刺激。	
10. 我很少因为我的工作而兴奋。	
11. 任何情况下，我总能找到事情做，而且能够保持自己的兴趣。	
*12. 我可以很耐心地等待。	

◆ 九、孤独感量表

这是一份关于孤独感的调查问卷（在相符的选项内打"√"）。请根据最近一周的情况如实作答，本次测试无对错之分。

题项	很不同意	比较不同意	一般	比较同意	很同意
1. 我是个失败者。					
2. 我很难融入集体。					
3. 我发现我很难向家人表达情感。					
4. 我很愿意参加集体活动。					
5. 我所参加的集体不能带给我更多的满足。					

续表

题项	很不同意	比较不同意	一般	比较同意	很同意
6. 我不觉得自己有趣。					
7. 我很难主动与周围人沟通交流。					
8. 我的想法常常与周围人不一样。					
9. 我很难去信任他人。					
10. 在我遇到麻烦时，总会有朋友帮助我。					
11. 我是朋友中重要的一员。					
12. 我有很多朋友。					
13. 没有人能理解我。					
14. 我经常感到孤独。					
15. 我认为："低质量的社交不如高质量的独处。"					
16. 我很难与他人建立亲密关系。					
17. 很少有周围人关心我。					
18. 我非常渴望陪伴。					
19. 我很难交到朋友。					
20. 在我想要聊天的时候，我不知道跟谁聊天。